通靈師說十里桃花

目次

推薦序～卡羅老師

自從開智慧通靈之後，一直想把靈魂的故事，靈界的遊戲規則讓更多人知道，因為太有趣了，靈魂的故事太有趣了，太多戲劇和意想不到的過程，是超乎我們對靈界的刻板印象。靈魂的故事可以讓我們對於生命的意義茅塞頓開，靈魂的遊戲規則又可以讓我們明白生命的價值，只是怎麼表達，切入點？從何下筆，是從盤古開天說起，還是從個人意外談起，好難呀！說偏了如科幻仙俠小說，說玄了又像中國民間故事屬於老一代人閒來無事、打發時間的電視劇，難以表達真正想傳達的意思，真是燒腦。

記得剛通靈時，時常和同修聊天，內容大約是你是天上的仙女，之後打破了觀音的寶瓶，然後被斥責，後來下凡來……或者是你我之前就認識了，在太上老君那習武……又或者是我看到你和我在一個大院子掃地，再不然就是前世我們是姐妹……你兒子之前是你的父親，所以你來報恩的……故事情節之多，在一旁聽的人都覺得我們是瘋子，聊天的內容都不真實，也不是你我的經歷，但卻可以一搭一唱的對話，好像是共同的故事。然而這些片斷的故事卻只是靈魂在不同靈界的過程；要如何訴說完整靈魂的概念，是我一直思考的重點。

然而三、四年前大陸一部火紅的劇「三生三世十里桃花」描寫了靈魂的故事。

元神的代表就是電視劇中男女主角天界的角色，天界的代表有東華帝君、天君、夜華、精靈界的就是狐界的女帝、白淺和白鳳九，魔界則有天魔君；天魔和天界打仗換得各自生存的空間。劇中除各界靈魂的使命，也有下凡歷劫情節，如果從中間跳集來看，估計是看不明白的，因為一下子女主是人人稱讚的狐仙，一下子又成了嬌柔的人間女子，反正電視劇可以接受光怪離奇的劇情，這樣的劇情放在仙俠劇可以接受，放到三立頻道的長年電視劇就不好說了，然而靈魂的故事不論在現代劇或者是仙俠劇都是存在的，只是我們是否能接受原來靈魂就是看到自己的過程？

金剛經所說的「所有一切眾生之類。若卵生。若胎生。若濕生。若化生。若有色。若無色。若有想。若無想。若非有想非無想。」是什麼意思呢？是大自然萬物皆有可能成為靈，而所有靈都有過程和使命。我們可以從靈魂的故事找到為什麼？也可以從靈魂的故事知道為什麼？

本書共有六篇，每一篇的靈魂故事都不盡相同。

「玉帝的屁」是一位凡事要求完美的靈魂，道德標準高，自我要求也高，人生什麼也不缺，但卻時常生氣。我不明白，她也不明白，然而當她知道她原來是玉帝的「屁」時，她明白了，她為什麼那麼愛生氣，這個所謂生氣不是我們說的生氣，而是氣大，而且一定要表現出來。有時用再多的道理請她放下，請她包容，她可能都做不到，但當她知道她原來是個「屁」的時候，自己都覺得好笑，也就沒有什麼好生氣的。

本書還有一個故事更神奇，因緣際會嫁給一個認識卅七天的先生，早年喪夫，一直單親照顧二個小孩，從未想再嫁，卻在年近六十時嫁給了現在的先生，這份因緣還是女鬼千里牽成的緣份，原來她和先生的前妻是觀音座前的燈芯，二人有共同的使命要完成，女鬼未能完成的只好請另一條燈芯來完成。

還有一個學生對未來有恐慌症，找不到原因，因為她總是會規劃很多未來的工作，看起來也沒什麼不好，但她卻有莫名的壓力，原來她的元神曾經參與過天魔大戰，對於未來還有戰爭都會恐慌。可是話說回來，如果真有戰爭，我們小百姓又能怎麼樣呢？瞎擔心。

當你知道元神的故事時，不只可以解開心中過不去的坎，也可以了解自己本質的問題，只是這樣元神的故事你能接受嗎？祂不同於我們所認知的前世靈魂而已。

有一本書叫做「先問為什麼？」先問為什麼可以找到核心思想，我們每一個人都要學習先問為什麼。例如我為什麼要成一個家？如果只是愛情，那麼風險很大，因為愛情不一定是成家中的必要因素；否則上一代的父母都是媒妁之言那裏來的愛情，卻可以牽手一輩子。又很多人因為愛情結婚，卻說婚姻是愛情的墳墓；到底成家是為什麼？找到結婚的「為什麼」才能成為永恆，那個「為什麼」就是婚姻的中心思想，有了共同的中心思想就會認真去經營而不會輕言放棄。

元神的故事可以幫你找到為什麼？為什麼你有潔癖？為什麼你愛生氣？為什麼你一定要和他結婚？為什麼你這麼倔強又好強？為什麼總是想出走？

為什麼會嫁給外國人……等等，你想知道你的元神故事嗎？

歡喜八方是懂靈魂的學習平台，可以透過靈魂來幫助你更認識自己，也可以幫你找到很多為什麼，而後輕輕鬆鬆走過靈魂的故事和做好我們的人生功課。

緣起

那是歡喜八方健康心靈協會的志工老師培訓課程經過了六年，來到二〇一八年的五月。

此時，剛上完「金剛經」，卡羅老師詢問大家，接下來想要上什麼課？經過投票，「自己的元神故事—查緣起」眾望所歸而勝出，於是就開啟了這一堂課。每位志工老師通靈調出自己元神的靈體出處及轉世投胎為人的第一世，經由其他志工老師的通靈代口交叉引導及驗證，讓大家都能明白元神靈體本質的習性及這一世肉身的人生功課。換句話説，請每位志工老師去調自己元神的故事，及輪迴下來紅塵的第一世故事。第一世求的都是情愛，它會讓我們知道這一世肉身的習性；並且知道為什麼要來紅塵？為什麼會接近彌勒師父。它也會跟自己個性裡改變不了的部分有關，為什麼會這麼固執？而靈魂是沒有規律的，每一個人的因緣也都不同，但都會跟天規有關。

這一堂課無疑開啟了每位志工老師心中的「潘朵拉」，有人更加清明與堅持地走在天道的路上；但也有極少數人聽完故事，依然維持舊有的習性，重蹈覆轍，選擇離去；緣起緣滅，很難談對與錯，也無須論是道非，畢竟，蓋棺論定，不是嗎？要知道，自從天盤改變，「每個靈魂都是獨立的個體」，「個人修個人的」成為規則；每個人的因緣聚滅不盡相同，靈魂所遭遇的過程也各有巧妙，「歡喜八方健康心靈協會」的成立，就是個學習的平台，大家在此相聚、互相陪伴與提攜，學習天地間的遊戲規則，學會在紅塵中得到智慧過關而不孤單。

然而，每一個元神靈體的出處及轉世投胎來到紅塵第一世的故事實在太精彩，如此契合每個人內心深處不為人知的奧秘，奇哉！妙哉！有些人甚至在聽完自己的故事後才恍然大悟，更加深入地認識自己而連連驚呼「原來如此」；尚未輪到通靈調出自身故事的人也躍躍欲試，既期待又怕受傷害。因此，我動了念頭，想把這些過程都記錄下來，每一個故事中的靈魂均存在著糾結與逃避，透過故事不但能一窺其內蘊含的無數天規與遊戲規則，更能接收到佛祖們的智慧與引導。我想分享給未能參與課程的人，讓更多的人都能感受到靈魂的呼喚，從中得到提升與成長。

大自然的萬物均有靈魂、靈體，都有不同的遭遇與過程。當能量幻化成有形之際，即已同時帶有習性；習性則是因為自身願力和型態而形成。佛陀最初在菩提樹下成道時，曾感歎說：「奇哉！奇哉！大地眾生皆有如來智慧的相，只因妄想執著而不能證得。」這段話最能清楚說明靈魂受到累世習性的干擾有多重了。

金剛經的第三品：「所有一切眾生之類。若卵生。若胎生。若濕生。若化生。若有色。若無色。若有想。若無想。若非有想。非無想。我皆令入無餘涅槃而滅度之。」說明了靈體的起源，有著各式各樣的來源與可能。所有的靈魂皆來自天、地、人三界。所有的靈魂都必須投胎轉世得肉身來到紅塵學習。從最原始的靈體，直到透過三界的循環、輪迴，得到肉身，學得智慧，最終證得果位。

透過這堂課，大家可以了解到每個人的靈體出處各不相同，包羅萬象，有大自然的水滴，有佛祖的法器或身體的一部分，有宇宙裡的星塵，還有佛祖的一口氣或是一個屁、一根毛，還有人是極光喔，五花八門，各式各樣，非常有趣。每個靈體自有其習性，當我們將它對應於自身的個性時，無不令人拍案叫絕，真是太妙了！然而，各式各樣出處的本質與特性，並不妨礙任何一個靈體是否能回天，它反而是回天的契機呢！

歡迎各位跟隨我的紀錄，進入這神秘的殿堂，來一趟五花八門、變化莫測的奇幻之旅。

緣起

元神及第一世

（一）大自然的水滴

元神出處

芳孜自述

我的元神出處是大自然裡的水滴。那時，在大氣場中有一群水滴聚集在一起玩耍，玩著玩著越鬧越大，將氣場攪得混亂不已。後來，老君佛祖出現了。老君師父對我們這一大群水滴說：「怎麼這麼調皮愛玩呢？」當時我警覺到，好像做錯事了。老君師父對著我說：「為什麼這樣帶頭玩呢？」我回答師父：「其實一開始只是大家聚集在一起練習，互相練習彼此的力量。沒想到，相互呼朋引伴，水滴聚集引動巨大的力量而一發不可收拾，造成磁場失衡，竟把整個氣場都打亂了。」

老師引導芳孜

引導老師：發生了什麼事？

芳孜：打亂氣場之後，隕石的運轉也被打亂了，無法依照該有的次序運轉，造成宇宙運行的紊亂及災難。

引導老師：會有甚麼後果呢？

芳孜：氣場被打亂之後，宇宙天體的運行也被打亂了，也就是宇宙在最早一開始的大混亂，大洪水。

引導老師：你向師父認錯之後呢？

芳孜：師父說，既然你想做事，我就帶你去一個地方讓你做你想做的事。師父將當時混亂的氣場恢復，我並沒有受到處罰。

引導老師：你再往前看，師父在幫你鎮住這個氣場時，有向你說什麼？或是要求你做什麼？

芳孜：師父告訴我，我可以幫你恢復原來的狀態，但你也要為這件事負責。

引導老師：可是當下你並沒有完全順從地答應師父啊！

芳孜：的確，我有耍性子，我告訴師父，我只是貪玩，一開始的本意只是想要讓大家練習凝聚，沒想到後面卻引發了這麼大的後果。師父教訓我並且告訴我，這後果是我無法承擔的。一開始我有辯解，但了解事態嚴重之後，我就答應師父了。

引導老師：好，之後師父帶你去哪裡？

芳孜：師父帶我去一個好像天界的地方。師父要我掌管雨水，掌握好雨水的管理。

引導老師：你要去看老君師父教訓你之後，把你帶到哪裡？讓你做什麼事？為什麼你可以做那件事？中間發生了什麼事？過程中是有一位神尊來幫你求情的。她是誰？

芳孜：一位女的神尊，是城隍夫人。

引導老師：為什麼城隍夫人會來？是因為你那時犯了什麼錯嗎？讓城隍夫人要上來保你？城隍夫人並沒有那麼大的官格；但這個部分後面再來說明。

芳孜：因為城隍夫人的擔保，老君師父願意再給我一次機會。

引導老師：不是給你機會，是帶你做事同時也是訓練你，你要去看老君師父帶你去學什麼？

芳孜：師父教我怎麼運作水的凝聚和擴散，同時學習如何在定時定點降雨等等。

引導老師：後來發生什麼事呢？

芳孜：當時有一次因為恍神或是疏忽，我沒有控制好某地區的雨量，雨下得太多致使成災，淹死很多人，造成那個地區的災難；之後因為這件事被師父處罰，被關在地牢，大概關了人間的時間約莫半年。

引導老師：在被關的這段時間，你都在做什麼？

芳孜：在被關的時候，我的心裡非常難過；因為自己的疏忽與錯誤，造成這麼大的災難。那麼多的生命犧牲、流失了，我感到十分自責，整個狀態很是低落、消極與頹廢。

引導老師：你可以再詳細地敘述你的感受嗎？因為這段感受對你來說是很重要的。

芳孜：因為自己的錯，造成這麼多的生命死亡，我其實極其自責；雖然已被關起來，仍不能減輕心理的罪咎，反而覺得師父應該再把我關得更久一些；甚至，我根本不想要再出來。可是，師父卻讓我出來了。

引導老師：這段是你很晦暗的日子和生命經驗。

芳孜：對。因為很害怕。

引導老師：害怕什麼，為什麼會害怕？你必須看清楚和理解自己的心理狀態，這和你這世的性格本質有關。

芳孜：會害怕呀！因為的確是自己的錯，**害怕面對這麼大的責任**；而也因為無法面對，所以**選擇頹廢**。

引導老師：悔恨嗎？

芳孜：當然悔恨，所以我並不希望師父放我出來。

引導老師：想不想面對？

芳孜：當時當然不想。

引導老師：當時你是選擇封閉的，是逃避的，對嗎？

芳孜：是。

引導老師：那為什麼最後師父放你出來時，你會願意出來？你想通了什麼事？

芳孜：師父告訴我，難道你就要這樣子一直下去嗎？有沒有想過可以做一些事來彌補你的過錯？我請問師父：「師父，我已經鑄成這麼大的錯，還能做什麼來彌補所犯的錯？」師父對我說：「如果你想做，一定可以做，只在於你有沒有那個心想做？」當時我痛哭著回說：「師父，我願意做，我願意再去試，勇敢再試一次。」我就這樣出來了。

引導老師：你知道為什麼城隍夫人要保你嗎？

芳孜：當時我因疏忽致使人間發大水而死了很多人，這些死去的人是由城隍夫人救起，所以我必須回報其恩情，幫城隍夫人渡人。城隍夫人見我誠心悔過，願意收我做義女，故出面保我。

引導老師：那出來之後呢？

芳孜：我出來之後，就到了人間，這就是我的第一世，師父要我下來承擔救人。

第一世

芳孜自述

我是個出生在西域皇宮的公主，那時的經濟環境很差，人民吃不飽，戰火連連，土地也無法耕作，所以人民很辛苦。當時身在皇宮的我，看到人民這麼困苦，於是常偷偷地把皇宮裡的食物帶出去分給貧困的人民。後來受鄰國戰爭波及，戰事蔓延至皇宮，我的國家戰敗了，父皇母后也被敵軍殺死了；而我那時正好拿著食物出宮去，才得以死裡逃生，未死於敵軍刀下。

家毀了，國家也沒了，只剩下那些苦難的人民。當時的我跟著難民一起過日子，過生活；教老百姓種植食物及織布，將當時在皇宮裡學得的工藝全部教給人民，讓這些難民可以在戰後混亂的局勢裡生存下來。就這樣，我和人民一直在一起，照顧他們，直到老死，未成家也未有兒女。

老師引導芳孜

引導老師：當時你並不是以公主的身分與人民一起，而是隱匿身分存在難民之中。請你看一看，你隱匿自己身分的這件事，在你的性格裡造成了什麼樣的影響？

芳孜：因為我覺得我就和他們一樣啊！所以，**身分不重要**，重要的是能讓他們活下來。當時公主的頭銜和身分，對我來說，根本就一點都不重要。

引導老師：可是你覺得你自己本身不重要？

芳孜：在那時的我很重要，因為我要想盡辦法讓他們吃得飽、穿得暖，活下來。

引導老師：也就是說這一世的你重不重要呢？我們從那一世的角色，能看到你的這一世。

芳孜：我想說不重要。

引導老師：你很習慣**隱匿你自己**。

芳孜：我是。

引導老師：其實你是能不被別人發現就盡量不要被發現；然而，事實上是要告訴你，你是很重要的。況且你當初承諾城隍夫人的事，也不要忘記。另外，你說沒結婚，但並非沒有感情的姻緣，請再仔細看一下。

芳孜：剛剛有一畫面閃過，其實有個人一直在我旁邊，一直在幫忙我；但當時的我，心中裝滿了這麼多事、這麼多人，感情這一塊始終不在我的選項之中。

引導老師：然後發生了什麼事呢？那個男生是一個人物喔！不要忽略。

（因為芳孜有意閃躲，雖然是不自覺的；也是因為在那個當下，她沒有把他看得比自己要做的事更重要，所以自然就忽略過去；但是對於對方的影響是很大的。）

芳孜：那是天界下來的大將軍，那一世也是戰亂國家的王子，是下來協助我的。我老死之後，那個男生一直在守護著我，後來剃度出家。

引導老師：對。他就是鳩摩羅什家族的起源。他是王宮貴族的修行人。

那麼你回去之後，老君師父怎麼說？

芳孜：老君師父對我說，我讓你下凡，你就這樣結束了一生？我當時回答師父，那時候我只想到人民的苦，只想著得幫他們。

引導老師：老君師父說你的眼界都一直向外面看著，何時自省過？

芳孜：師父，我不懂看著外面是什麼意思？

引導老師：你眷顧著人民，但你自己具備什麼樣的能力能夠救贖，能夠救苦救難眾生？如果連圓滿自己的能力都沒有、都不具備的話，你怎麼樣去圓滿大眾？

芳孜：所以師父的意思是要我先圓滿自己嗎？我真的不懂。難道真的沒有辦法先圓滿人民嗎？

引導老師：自己都沒有辦法得到滿足而放下，人民如何能得到滿足？

芳孜：但我看到他們吃得飽、穿得暖，我就很滿足啦！我看到他們的妻小都吃得飽、穿得暖，有一個安定的住所，這樣不行嗎？

引導老師：那你自己最後的結果是什麼？

芳孜：我最後雖然老死，但是在我腦海裡最後的印象是看他們有的吃、有的穿，有一個安定的住所，這樣不能算是滿足的嗎？

引導老師：你並沒有滿足你自己。你自己看看你在情感的那一塊。

芳孜：所以師父的意思是，我要先滿足自己，然後才能夠去滿足他們嗎？

引導老師：這些有違背嗎？沒有先後的問題呀。不能同時進行嗎？不能滿足自己也得到滿足而放下嗎？你為什麼會孤老而終？

芳孜：當時的我的確沒有想到自己，而只想到他們。

引導老師：你在嗞氣之前，你不苦嗎？你不孤寂嗎？你滿足了嗎？

芳孜：自己的感情那一塊雖然沒有滿足，但是在死的那一刻，他們都在我的身邊啊！我的身邊其實是有他們在的。

引導老師：什麼叫做五倫關係圓滿？

芳孜：我懂師父的意思了。

引導老師：你不能把所有的滿足都放在別人的手上，你可以握在自己的手上嗎？

芳孜：我明白了！師父的意思是，在我做大愛時也要關注到自己的五倫關係圓滿，包括自己的感情，這是可以齊頭並進的。我知道師父要告訴我這個。師父，我知道了。

引導老師：芳孜，那為什麼你之前被關的時候，那樣晦暗的心情會影響你到現在呢？你還是**很被動**啊，還有**不甘願**。

芳孜：**就怕做得不好**啊！可能**潛意識裡還是怕做錯**。

引導老師：你都知道了，為什麼還這麼哀怨呢？還憂鬱，就是什麼都知道，但是什麼都不想做；就被動地等事情發生再說。你為何這麼糾結？

芳孜：我是在調了元神的故事後，才慢慢發現這些習性的影響原來是這麼地深遠。

引導老師：你說做大愛，大家都得到滿足，你就得到滿足，那是騙自己；你看大家都有得到滿足嗎？這個世界就因此而有變得不一樣嗎？

芳孜：所以我是在自己安慰自己，自己騙自己。

引導老師：是。其次，你為什麼隱匿身分？你存在一個問題，你有能力，也有身分去號召更大的能量，去做更大的事情；但是你就是沒有信心去擔責任，因為你害怕做錯、做不好。

芳孜：對。因為元神的出處和天體的那一塊，這兩個地方的連結，對我影響很大。

引導老師：所以影響到現在，你要面對的功課是什麼？

芳孜：就是做什麼事情不要先去擔心這個、擔心那個，害怕這個、害怕那個。

引導老師：還有呢？這是心態。

芳孜：就是關於隱藏自己的這個部分，我很習慣地不想讓大家看到我，從小到大都是這樣，這部分我很難克服。

引導老師：所以你因為這樣的個性，也讓自己累世的情都不圓滿。

芳孜：是喔！這個有影響。可能是我都不會說，不會表達出來。

引導老師：你要把那個陰影清理掉！因為當你選擇不理會，你就不會有感覺；就像當時在你身邊的那個男生，你不理他，你知道一旦理他，你會有感覺，所以你就選擇不要理他。

芳孜：對，我會如此。我就是不喜歡那種情緒的干擾，最好的抉擇就是不管他、不理他。我的確會這樣，因為怕自己的情緒受到干擾。

引導老師：嗯，所以要怎麼辦？

芳孜：就不要怕，就來啊！就**面對每個情緒**。

引導老師：所以，芳孜，你是可以開心做每件事，懂嗎？做完了，做得好不好是其次，就是在做每件事的時候會因為擔心而有壓力；有壓力時，你就會回到那個有能力、沒信心的態度，也就是障礙自己。

那麼，如果我們不要看到那麼大，就看自身週邊有什麼問題，第一個親人問題，第二個自己的情感關係，第三個家庭的角色關係，還有你工作上的關係，在外面的人際關係，以及在八方平台和帶學生的關係。這些關係其實都是一體的，就像剛剛說的，都是可以同時進行的。當你不能管理好自己，無法開心的時候，你就只能選一項、選兩項做；可是當你打開自己的心時，你會發現其實無礙。

水的特性是什麼？它**沒有固定的樣態**，它可以變成很小的分子，也可以匯集變成江河大海，它可以變成蒸氣，也可以暫時變成一朵雲，水的特性就是如此；同時，水也是孕育滋養萬物的根源；但是水又**有一個很特別的習性，就是無情**。

芳孜：為什麼？

引導老師：因為它該怎麼樣就怎麼樣，就流掉啦！我講的無情不是沒有感覺，但是就是過去了，因為你就是**不會表達**，所以就過去啦！你有情也不會表達出來，你就把它遮蓋，切掉了，然後一直催眠自己，與我沒關係，幹嘛去面對，就這樣了。

芳孜：好，我知道了。

引導老師：所以從那一世開始，你都與修行有關係，不管到六道的那一界去輪迴，你都會面臨同樣的問題；然後還有一點，這也是氣太大的一種，**自己用固執框住自己**，就是固執，就是執著。就像我剛剛講的，你開心的時候就什麼事都可以做，不開心的時候就只能選一樣、選兩樣，然後取消其他的，這個不能做，那個先放下。可是，你真的有放下嗎？沒有。很多時候你就變得很無奈，變得被動。回到個人內心的時候，又哀怨了，又憂鬱了，然後又很無奈。這樣你有聽懂我在講什麼嗎？

芳孜：有，我很認真地做筆記。

引導老師：有同學問，為什麼一開始是芳孜受處罰呢？因為芳孜是帶頭的召集人啊！他們一開始是玩耍，越玩越瘋，越玩越亂，就出亂子了。水越聚越大的時候，就會改變了五行氣場，造成了氣場的混亂；當一方失衡時，五行氣場就亂了，世界就水災了，有洪水的災難，影響是非常大的。也就是說芳孜是具有影響力的，她是帶頭者，表示她本身具有一定的號召力；但她又**不願意跳出來負責**，因為她**沒有信心去擔責任**，所以她又**會封閉自己**；同時她也**小看了自己**。小看自己的副作用就是這世的她不願意看書以增進自己的能力，而認為我這樣就好了。所以，芳孜，你要有求知慾，不要排斥學習，因為這些能力都只是重新再喚起而已，你是有能力可以去做的，當你沒有信心去擔責任的時候，就會停在那邊無法前進。有聽懂嗎？

芳孜：有。

引導老師：但是因為你不去看啊！難道因為芳孜說我要當你的義女，城隍夫人就幫她去坐黑牢嗎？當然不是；但芳孜還沒有想好要面對，其實是有事情發生的。我們今天主要就是藉由元神的故事來幫助自己了解這一世個性上的問題，因此，那一段我們就不去看了。

同學：所以，是她去找城隍夫人的，不是城隍夫人無故跑出來的？

引導老師：她有求救。她去找城隍夫人求救。因為城隍夫人在地界，最清楚發生什麼事；而芳孜一開始是不認為自己有錯的。城隍夫人將詳情說出，芳孜聽得一把眼淚、一把鼻涕，哭得唏哩嘩啦，這才體認到因為自己的無知，而造成這樣的災難。是不是這樣？

芳孜：是。

引導老師：不然那時候你怎麼會甘願臣服呢？

芳孜：做錯了就要認錯啊！

引導老師：但若城隍夫人不講那些事情，你豈會產生同理心，怎會知道自己有錯？並不會呀！

芳孜：可是，那個罪惡感好深、好重喔！

引導老師：那是因為夫人向你說出發生的所有事，你才會有這麼深的罪惡感，也因此直到現在仍造成你在做付出時會覺得是在贖罪，是不得不做的。所以，你不要這樣想，這樣想真的會很不開心。

芳孜：對。我還發現一件事情，在這一世裡，有很多事情並不是我的錯，到最後我都會很習慣地將它想成是我的錯。

引導老師：這就是你又沒信心，又自己把它們都揹起來，揹在身上。你會把自己編排進去，會對號入座。另外，雖然城隍夫人保你，但是老君為什麼會同意？這個部分你要去瞭解一下。

芳孜：我不知道。

引導老師：其實芳孜那一世之後的累世也有接觸到佛法，接觸到彌勒佛祖，遇到新的天盤交接，她都遭逢到，但卻都沒被渡走，所以她還是要繼續做大愛，要還。這些都是多加的，讓故事更多采多姿而已，最主要的還是要了解你自己的個性問題。而你又常常有一個問題，就是你都聽懂也都知道，可是，等一下又把它裝起來，放旁邊。然後你又對自己說，就那麼累又那麼忙，那麼多事要做了，我有在做啊，我有在聽話。

芳孜：我需要練習把一些事情整理，然後不要裝起來。

引導老師：那你要整理多久？這個不用回答我，你要問自己，師父可以等啊，但是你來世還要再來一遍嗎？我相信你在來到八方後，卡羅老師也帶你去了敦煌，它與你的靈魂有關；之前的雲南玉龍雪山你也去了，發生了什麼事，都是和你的第一世延續下來有關係的。自己靈魂出處的演變，整個成長的學習過程你也都明白了，前後加在一起，這些過程你要看到自己的肉身，現在這一世，你有什麼樣的問題？若能修掉一個就改掉一個啊！

芳孜：是。

當我們明白靈魂出處的演變及整個成長的學習過程，便能看到自己的肉身、現在這一世，存有什麼樣的問題，進而勇敢面對及做出改變。

芳孜的元神出處是水滴，水既可以隱於無形，也能澎湃滂沱；水沒有固定的形狀，可以是固態，可以是氣體，也可以是液態；水不受任何限制，能夠因應環境而存在，不受約束；最重要一個特性就是向內的凝聚力，「水能載舟，亦能覆舟」，水是有無限的可能的，這就是水的特質。當大自然的水滴形成自有意識時，未受到教育與訓練的靈魂便因著屬性發展，不懂規矩、不受約束及對於後果的無知，進而引發災難也就可想而知了。芳孜的元神闖出大禍時並不願意面對，而選擇開始內縮，把自己縮到角落，即使拘禁期限屆滿，它仍不願出來；但是，不面對問題，這問題依舊存在，依然等著你來解決。人生過程總會遇到問題，無人能例外，但是結果卻各不相同，就看你如何面對，如何處世。再說水滴的向內凝聚力代表它擁有極大的號召力及影響力，芳孜處在團體中，若能懂得加以善用必能有所作為與成就！總之，明白元神出處的特性與經歷之後，選擇消極地受特性綑綁與束縛，抑或擇優汰弱並加以運用得當，只在乎一心罷了！

不過，「留你有用才留你」，這是不成文的天規。每個獲得重生機會的靈魂，都是與佛祖交換來的且立下但書，有憑有據，早晚都得還的，芳孜便是如此；況且五倫關係圓滿是每個靈魂來到紅塵都必須面對的功課，倘若不能圓滿自己，如何能圓滿他人呢？再說當你發心做大愛，並不妨礙小愛同時並進。五倫關係圓滿未必是每段關係都和諧完美，而是我們透過每段關係的過程，學得相處之道與智慧，讓關係在人間了無遺憾而能放下。

紅塵總有層出不窮的問題或關卡，這些問題或關卡只是為了讓我們看到自身的不足並學習處世的智慧；面對問題，不是自我批判，不是自責，而是自我反省並尋求彌補或改善之道，以增益己所不能。唯有勇敢面對並深切自省，堅持往前進並改變，連帶帶動意識能量上升，繼而轉動磁場，才能關關難過關關過。

這一世的芳孜正勇敢面對自己未能感受情愛的不足，學習再次認識新對象，與異性相處，共同度過人生的風雨。

心經說

心經有云：「觀自在菩薩，行深般若波羅蜜多時，照見五蘊皆空，度一切苦厄。舍利子！色不異空，空不異色；色即是空，空即是色，受想行識亦復如是。」五蘊即是「色、受、想、行、識」，「色」是能見、所見及存於心的個人主觀；「受」是你的感受，別人給你的感受，環境給你的感覺，你承受的或得到的；「想」是你感受外境後的印象或想法，每個人對每一件事都會有自己的想法；「行」是對於所受、所遭遇的處境的心態，是你的過程，被安排的過程；「識」是你內心的知覺，認知、分析或辨別，也就是得到的經驗，這是給你的，老天爺給你的。

當你遇見或看見一個事件發生時，你會承受別人對你的眼光、壓力或支持、祝福等等，而有了苦、樂等感受，進而產生許多自己的想法，在你的內心翻騰並湧現，接著你做了選擇或決定，結果如意或不如意；經歷這過程之後，你得到了什麼？你學到了什麼？在紅塵中，我們不斷地重複著這樣的色、受、想、行和識，在每一個「色」中產生了主觀，在每一個「受」中受苦，在每一個「想」中糾結，在每一個「行」中擺盪，然後，最終要在每一個「識」中學得智慧，靈魂才能得到成長。究其根本，這五蘊「色、受、想、行、識」的一切就是為了成就我們得到智慧與成長。

昭彬老師說

這個靈魂由於十分自責與內疚而選擇封閉自我，即便獲得贖罪的機會，學著承擔與面對，仍未能真正地面對自己，只是被動地接受安排，接下來的第一世也是如此，怕做錯，怕做不好，隱匿自己的感覺，不面對自己，沒能真正地從過程中自我救贖，而不斷地輪迴。

由於這靈魂的能量非常強大，善用優勢必成大事，問題在於自己，只要過了自己的那一關，她才能破繭而出，展翅高飛；但是她並未真正地心甘情願接受過程，只是被動地接受安排，一直未能從過程中累積智慧，不但對自己諸多批判，也總感到受苦而承受外在環境對她的要求，處處為他人著想，事事犧牲自己。對她來說，在做付出時會覺得是在贖罪，是不得不做的，一有壓力，她便會縮回到那個有能力、沒信心的狀態，因而障礙並困住自己；所以很不開心。

她是可以開心處世，不受苦的！在做事或付出時，想著去做就是了，思考著從中所學所得的，不要擔心結果，不要存著被逼的心態，不要怕做得不好，不要因為擔心而感到壓力。因此，這世的她要學會找到生活中的開心。彌勒師父說：「開心，心想事成」。紅塵的確是來受苦的，但這一切僅是為了成就我們，在經過苦難之後找到並學會開心以對的智慧，讓我們離苦得樂的大智慧。

（二）如來佛祖的法杖

元神出處

芸安題詩

曾經如來隨身侍　曾經高座上方立　習慣眾人來膜拜　開示說法熟於心
一朝如來不執盤　要求下凡學新法　五雷轟頂不想去　百般勸解不願去
各個臟器已成行　最後只剩一層皮　不忍師父碎裂盡　感受過往隨風逝
百般叮嚀終回天　依然不願來接受　莫要辜負我期盼　師父堅決手一揮
哭哭啼啼落紅塵

芸安自述

我的元神出處是如來佛祖身邊的法杖，這個法杖當久了，就覺得我就是如來，我就是公平正義，我講的都是對的，眾靈來都是聽我說理，聽我判決，所有的事都是我說了算，大家也都願意臣服及接受；久而久之，我開始覺得自己就是佛，就是如來的化身。於是，當如來佛祖不執盤並要求大家必須下紅塵學習新法時，法杖完全無法接受，百般地不願意，怎麼勸解都不肯去，直到如來佛祖裂解自身的五臟六腑全部都下凡了，最後只剩下一層皮，法杖感受到過往的安適、自在及光環都不在了。如來佛祖一直告誡並說道，你只要好好地學新法，學成了終有一天會回天；但我還是不想接受，因為我**安於現狀**，心想只要跟在佛祖旁邊就好了，現在這樣到底有什麼不好。不過，我的心裡有數，就算再不願意也難如願。如來佛祖堅決地手一揮並說：「你還是要去，你就是得去！」我就這樣被打入紅塵。

這個過程對我的影響是**習慣也喜歡旁邊有伴**，這件事對我很重要，所以我的**依賴心**其實**很重**；其次是安於現狀，不想改變；還有師父手一揮讓我落入紅塵的那個痛，深深地烙印在心中，所以我**害怕分離**，害怕再也看不到，害怕不能常常相處，即使現在學會接受還是感到心痛，不過哭一場後也就接受了。第三是我想在佛祖身邊待著，但如來佛祖要我**學會新法自立並獨當一面**；如來說：「沒有成佛不能回來！」其實調閱故事至此，我早就哭到不能自已了。第四是**任性**，**不受約束**。第五是不喜歡看到醜陋面，容易忽略現實不堪的一面，因為在師父身邊聽到的都是**好聽話**，再來是**愛面子**，不太能被說教。在歡喜八方協會，師父給我一個法規的角色是因為很愛我，這個身分較不易受到傷害，同時也為了約束我不要太任性。

於是我明白，學得智慧成佛是我對師父的承諾，也是**我和師父間的承諾**。師父說：「你沒有成佛不要回來，不能回天，所以你要努力學，學會新法，你就可以回天了。」

這就是我的元神故事。

老師引導芸安

引導老師：怎麼說呢，可以感受到你那很深的不想下來的姿態，很害怕。

芸安：還有恐懼。

引導老師：對，但是法杖原來的姿態還是在，權力的感受還是在，所以你會有種無法逆轉，只好接受，但內心卻還留有一些不甘願的感覺。學習至今已經好多了，不過還剩下三成吧，怎麼辦呢？而你當初會有那個不甘願的姿態就是因為覺得自己已經高高在上了，有這個權力和能力，我為什麼還要去？你會有這樣的感受是因為覺得我不需要啊！大家都聽我的，為什麼我還要下去，我不願意。直到大家陸陸續續下去，只剩下你了。最後被如來打下去紅塵時，心裡是非常害怕的，因為你不敢下去，其實也是自己沒有把握可以過得了關。換句話說，就是兩邊在拉扯，一邊是極度自信，一邊又是極度害怕；不過對你來講，下去的時候是不願意面對的成分居高，一直被牽絆著下來時的那個感受。所以當你習慣用一個姿態在處理紅塵事情的時候，會發生不斷地遇到挫折與問題，在過程中不斷地不圓滿，總感到被逼著逼著逼著，才有點被逼到牆角而不得不做的狀況。你應該要學習更加柔軟，全然地臣服。

芸安：就努力學，努力做吧！

引導老師：不行慢慢學欸！沒時間了。

芸安：對。

引導老師：沒時間了喔！沒有太多時間給你。

芸安：我有感覺到。

引導老師：嗯！要做不做一句話。

芸安：要做啊！

引導老師：但是，沒有全然的臣服，說要做會有很多困難，會一直撞牆。

芸安：師父的意思是沒有全然地臣服，做的時候會有很多的波折，一直遇到撞牆？

引導老師：對，沒錯。每一次的波折和撞牆都是在逼你臣服。

芸安：好。我明白了。

引導老師：所以，如果你感受到不順利，比如說學生的反應不如預期，那就是在撞牆，就是不夠柔軟，就是不夠臣服。只能把自己放掉，直接問師父，該怎麼做就怎麼做，就好了。

芸安：好。

引導老師：對法杖這個法器來講，你是不得不下來的，這個情緒就完全停留在你的心裡，但是佛祖就是要你完全臣服。必須完全臣服，你以為的害怕才會消失；必須完全臣服，要你下來紅塵學習的智慧，才有辦法吸收；要完全的沒有自己，才能接受到師父要給你的東西，這其實就是要芸安去做出來。你也不要害怕放掉這三成的部分，你只要放掉，才是會圓滿的地方。聽懂嗎？

芸安哽咽：聽得懂啊！

引導老師：也就是說，當你以為還要執著那三成，那是唯一可以擁有安全感的東西，而事實是只有完全臣服，你才會得到智慧。當你完全臣服時，你會發現根本不用害怕，所有的事情都會有圓滿的解決。

芸安：好。

引導老師：芸安還有一個問題，碰到事情的時候常會說：「不就是應該這樣做嗎？為什麼人性有那麼多問題，不是應該這樣做嗎？大家都這樣做就好了啊！」然後她就壓抑自己的感覺，假裝接受，假裝不在乎，可是問題都一直存在，這是她不開心的原因。她會認為：「我都聽了，也都做了，不是應該這樣嗎？那為什麼大家都不要這樣？」然後就會哭……。

芸安，你得了解立法杖的目的，就是一個「法」的威嚴在那，是超然獨立的；但是你卻不喜歡脫離拿法杖的人，這樣是不行的。你了解嗎？

芸安：我了解這個意思，但不知道沒有做到的部分是什麼？

引導老師：**你就是來被考驗的**啊！佛祖們說的是「為什麼要有這個法？法是幫忙管理，渡化別人的，目的就是告訴大家天道的遊戲規則。」有智慧的人會去立法，平凡的人就會被「法」所拘束了。在聽過這麼多元神出處的故事後，你了解到每個靈魂都有他的過程，對你而言，師父就是要你被考驗，**你的過程是在考驗你的「溫度」，學習不要那麼僵固，你才不會被「法」拘束了。**

芸安：就是要粉碎我原先那樣的姿態和原本那樣的認知，是嗎？

引導老師：對！因為你還不是佛，你原本只是佛用的法器。上這麼久的課，你會發現每個靈魂都要經過淬煉，每個人的特質不同，方式不同，過程都不同，所以說，個人修個人的。你懂嗎？

芸安：我懂這個邏輯⋯。

引導老師：就是要你不要太有邏輯。邏輯是對的，但不要拘泥在邏輯中，會變得沒有彈性。你就是來練習被考驗，你要開始面對啊！比如你學習了法律，你今天是個法律系的學生，六法全書都背得滾瓜爛熟，碰到狀況題你都能查到法條；但等真正遇到現實情況，坐上法官的位置，你卻發現每個人陳述的都是理由，都是藉口，也都會在法律邊緣遊走時，那你如何將所學的東西做一個公平的運用？我這樣形容你應該比較聽得懂。

芸安：有聽懂。

引導老師：因為每個案子或許都有符合的條文，可是裡面會有很多的原因和故事，那你要學會去接受，而你目前就是在走這樣的過程。你要接受每個人就是不一樣啊！他們背後的故事不一樣，就算他們觸碰了同樣的法條，但他們會有不一樣的故事和原因、動機與為什麼。

芸安：所以師父的意思是當碰到那樣的時候，我就不會了，是嗎？

引導老師：對，你就僵在那裡了。最後就只會說，你就是犯了法啊！法律就是這樣規定的啊！奇怪你們怎麼會這麼冥頑不靈？這樣聽懂嗎？若是「民法」部分，又牽涉到前因後果，不是嗎？

芸安：對。

引導老師：所以你會不耐煩，你會認為不是就應該這樣嗎？就像前面講的，你就會覺得很煩，你會想躲、想逃避；會壓抑自己，假裝不在乎，其實都累積了。

芸安：那麼當我碰到這些我不會的事情，覺得不耐煩的事情時，我就是要臣服，接受這些事情它本來就是存在的，它就是紅塵裡的一部分，不要把自己的感受拿出來，不要有那些不耐煩、想躲的、不在意等等的情緒，就只是去找方法，去問師父怎麼處理。

引導老師：芸安，這樣的過程會讓你**不願意與害怕**。那要怎麼樣才能願意和不害怕，這些都會變成你要去做，一點一點地嘗試往前，才可以消掉你的不願意與害怕。而你其實不知道你是害怕，也不覺得你是害怕的；其實，我在看你做很多事情時，你就是很小心謹慎到了一個讓人覺得你是害怕的感覺。

芸安：老師，其實很小心謹慎是現在年紀漸長了才學會的。以前都是先衝出去，然後就遍體麟傷又衝回來。

引導老師：我們都不要再講以前了，為什麼呢？因為以前都是在講過程與因果，當我們已經進到八方，已經學習道理很久了，其實**應該要脫掉因果的過程和故事**，你會**回到元神出處所有的本質**，如果你的元神的本質問題並沒有去面對，或者是找方法去改變的話，我覺得那可能會比因果更難解決，也就是我們是不是能成佛的問題；所謂成佛的問題就是能不能得到大智慧的問題。

為什麼在這次的課程會讓老師們去調自己的元神出處和第一世的故事來做對比，其實我們會發現元神的問題都是心裡真正的障礙，這些只能靠你自己了；無法靠解因果或靠道理去克服，真的只能看你自己，你願意不願意去做，你是否必須一定要得到那個大智慧，不管是回天或者不回天，但你是否真的想要幫佛祖做事⋯，宣達佛祖們的道理，完成師父助人的任務。也就是說，我們元神就是要回天的，所有的元神都是佛祖，都是佛祖的眼、耳、鼻、肚子、皮膚啊等等，**要不要歸位都是在於你自己！**你們要歸位都必須符合佛祖的特質，如果沒有符合佛祖的特質，你回去了就是爛一塊肉，缺一塊什麼的，那都不會讓你們回去。佛祖的心也好，身體也好，都是莊嚴無相、乾淨純潔的，怎麼可能讓我們染一些回不去的因素呢？所以都是看自己要不要回去而已。芸安，聽懂嗎？

換句話說，我們一直在談你是不是要回去，你是不是要回天？其實沒有那麼大的道理，也沒有宗教的問題，那就是一個緣由，如果你們把這個緣由當一回事，就會努力想要回去歸位，但你不能回去之後還爛一塊肉，或還有什麼事情忘不了、改不掉的，那不是整個身體又得要下來，所以肯定是每一塊皮膚、每一個細胞、每一根毛、每一個什麼都必須是乾淨的，**必須是純潔與莊嚴**的。懂了吧！

芸安：是。

引導老師：總之，每個老師在看自己的故事，或在引導的時候，請你們不要忘記，你們都是佛祖身，有些事情說不了也不能說，全都是看你們自己怎麼做了，也就是過程大家各走各的；只是在八方有我們互相陪伴、引導及要求、約束。

第一世

芸安題詩

懵懂無知這一世　沉默無言未開竅　不識人間情是啥　耕田種地隨日月
不會思前想未來　父母離去鈍鈍痛　不知為何這麼痛　與人相處沒感覺
全部都是一個樣　姑娘來表心與意　不曉如何來反應　最終孤老一生去

芸安自述

我的第一世是個男生，身形高大，家裡的獨生子，沒有兄弟姊妹，沉默木訥，不懂人情世故；對於情非常遲鈍，別人對我好，我會投桃報李，但不知代表甚麼或箇中意義；不知人心險惡，人心不好的一面都不知道。生活很苦，很少吃飽，也不挑剔，有啥吃啥，很聽話；沒有喜怒哀樂，沒有感覺。

父母沒讀書，不識字，當他們相繼離世，我就坐在地上落淚，眼淚直流，莫名的心痛，也不知道為甚麼會痛；不知是因為失去至親，所以這麼痛。媽媽過世時，爸爸在家附近的山頭找個地方挖了坑、埋了媽媽，等到父親過世時，我就自己一個人把爸爸的後事處理了。

老師引導芸安

引導老師：芸安，你從小跟著父母親在山裡生活，你小時候，他們對你非常疼愛的；雖然生活清苦，必須從早到晚為了生活打拼，但是，他們有給你足夠的愛，也或許是你沒有感覺到那個就叫愛。你回想看看，在你五、六歲時，娘親忙完一天的農務回到家準備晚餐，你在一旁幫忙的樣子，那是很溫馨的畫面；你再回想看看，在你小時候，娘親是如何對待你的，那種感情是很濃厚的，並不是如你所說的未曾感受到的。

芸安：就覺得每天過生活都是一樣的。

引導老師：母親是不是回家來都會帶些果子、野菜或是獵物，教你一起做，一起準備晚餐，一家三口說說笑笑，開開心心的。雖然他們不識字，也沒有讀書，但是，對於親情的付出，他們是都有默默的在做。

芸安：對呀，爸爸媽媽並沒有不愛我，他們也是沉默的人，也不是很花俏的人，是很實在的人，對家人好，互相扶持，並沒有不愛我。我說的沒感覺是指生活就是每天這樣過，爸媽每天下田，我長大了也下田，回家媽媽會煮飯，會有飯吃，就是這樣日復一日。

引導老師：那一世在你還沒有失去雙親之前，你對於親情感到知足嗎？

芸安：說不出來，沒有感覺耶！

引導老師：為什麼沒有感覺？雖然是這樣平凡的家庭生活，家裡的人都是在為這個家盡心盡力的付出呀！

芸安：我想是因為沒有比較，就不知道好日子是什麼樣、壞日子是什麼樣，以為大家的生活都一樣。

引導老師：沒有不正常，這也沒有好或不好的說法。那麼，在你埋了父親之後，你下山了。來到市鎮，遇到一些姑娘對你臨送秋波，其中也有娘子特別喜歡你，你也對她非常有好感。你想想，其實這位姑娘她有引導你知道什麼叫做情愛，但你是拒絕做出回應的，而不是如你所說的，不曉得下一步該如何？

芸安：我就是只知道她對我很好而已，並不知道說這個好代表了什麼。它代表的意思是什麼，我不知道。

引導老師：後來你們沒有在一起，那她怎麼樣了？因為你的沒有反應，讓她怎麼了？

芸安：她就去嫁給別人啦，因為父母的要求，她就只好去嫁給別人了。

引導老師：嗯，她帶著一顆很難過的心，她覺得你為什麼這麼不懂她？而且你這麼木訥，她實在看不出你對她有沒有情意，所以，她也是很無奈的嫁給了不愛的人。你其實也是有感覺啊！你不是沒有感覺啊！

芸安：我的感覺就是她不會再來對我好了，就沒有人對我好了。

引導老師：對，你失落了，也沒有安全感了。那後來呢？

芸安：我那時覺得安全感好似沒那麼重要，後來怎麼了我不知道。

引導老師：這位姑娘離開了之後，你一個人落寞的在街上，打零工維生，因為害怕人群，害怕人與人之間的往來，又因為不擅言語，不想與人說話也不想與人互動，其實你是不願意去面對人際關係這一塊的。直到往生前的這段日子，你心中是有極大遺憾的，那個缺憾是來自於失去雙親。在雙親過世後，雖然有許多姑娘跟你表態，你卻拒絕，事實上這是一種依賴，依賴親情。這種對親情的依賴看似沒什麼感覺，但其實**你封閉了自己的情緒和想像**，所以，直到孤老一生，你沒有什麼大起大落，終其一生也找不到目標和所為何來。在這一世裡，你的愛情沒有，親情有，你卻沒有感受到那種真正的情，其實不是沒有，是你未曾把心打開去感受，自認為就是如此，友**情**、**親情**、**愛情**，**沒有熱度去感受**，所以這一生是非常寂寥的。那麼，在你過世之後，佛祖來接你，請你接下去說發生了什麼事情？

芸安：我死後，佛祖來接我並問我，你學到了甚麼？

引導老師：哪位佛祖？

芸安：彌勒佛祖。我就看著彌勒佛祖一直流眼淚，然後搖頭，什麼也都沒說。

引導老師：為什麼你不說？

芸安：我不會說。就是看到佛祖的時候感受到家人一樣的感覺，所以就是流眼淚。

引導老師：師父有說一段話，你哭得更傷心。佛祖說：「你記得當初下來的承諾嗎？『沒有成佛就回不了天』，那麼你來紅塵這一遭，學到了什麼？要學會沒感覺，但那個沒感覺不是拒絕感覺進到心裡去。」

芸安：對。

引導老師：不是拒絕。

芸安：不是拒絕沒有錯，但我那時候是拒絕的。

引導老師：師父問，為什麼你拒絕？你之前當法器的時候，身為法杖的姿態，也就是那樣的權威和姿態還是在的，你是拒絕下來的那種抗拒，所以來到紅塵讓你感受親情，父子和母子間最純粹的感情，你卻是用沒有感覺去過了這一世的紅塵，佛祖覺得你真可惜。

芸安：彌勒佛祖搖頭說，不能這樣；因為我封閉了自己。

引導老師：後來發生了什麼事？

芸安：佛祖把我帶去彌勒府學習，過了六年，又要我下紅塵，我沉默不語，因為知道反抗也沒有用。

引導老師：對，因為你留在天上還是一樣，沒有任何改變，那不如再來一次吧！

芸安：對，我在彌勒府學習時還是依然故我。

引導老師：還是不想看到不好的一面，很任性的只想做自己想做的事情。

芸安：對，我所有的學習都是不得不，**認命又不甘願**，然後封閉自己的感覺，比較不會痛。

引導老師：所以你會選擇自己關起心門。芸安，在紅塵的時候，你有沒有發現因為你的心沒有臣服，臣服當初如來佛祖在涅槃之後讓你一定要下凡來學習的狀況，你是帶著不得不的無奈去做事，所以就會不開心。

芸安：對啊！就是不接受啊！

引導老師：不接受這件事，你就選擇關起心門，逃避它。可是這些事情還是在運作，就是只看自己，卻忘記週遭的人其實很需要你，只要你**願意表達心中的想法和感受**，輕鬆的講出來你喜歡不喜歡、愛不愛，或是你的感受，別人就會很容易知道你的心想要傳達的意思，你就不會覺得自己是孤獨的。

芸安：好，我知道了。

引導老師：請問是什麼樣的事件讓你關閉感覺、拒絕感覺？

芸安：就是「我不要下紅塵，可是你逼我去，你把我打下紅塵，你不要我了」的那個感覺很痛，痛到受不了，所以就關起來。

引導老師：那你要師父怎麼做，你才不會痛？

芸安：不知道，沒有想過。

引導老師：對啊！擺在那邊你又沒有想，又沒成長，叫你下來學，你又不要。

芸安：我要跟在師父旁邊啊，但師父說不可以。

引導老師：當然不可以啊！你自己說為什麼不可以？

芸安：師父要叫我學會自己站出來。

引導老師：對啊！那你為什麼不敢？芸安，你有沒有想過，為什麼不敢？或者說不願意？

芸安：就依賴啊！

引導老師：對，為什麼依賴？

芸安：不想改變。

引導老師：你看你第一世的時候，父母親給你那樣的環境，你覺得這樣就好啦，很幸福呀！那當父母不在的時候呢？你沒有要改變自己，你也沒有要獨立啊！所以，老天爺有給你機會，在那世也給你碰到了對象，是你自己不要的。你不想面對，當你不想面對的事情發生的時候，是因為不敢，你聽懂嗎？是因為你不敢改變，不願意改變。再說到你有沒有感覺？你一直強調說你沒有感覺、你不知道；那我問你，你到底有沒有感覺？

芸安：有不一樣的感覺，但說不清楚。

引導老師：對，那你就要去搞清楚**什麼叫做感覺**。一定有感覺，誰沒有感覺，除非麻木不仁，不可能沒有感覺。我們常講的沒有感覺有兩種，一種是說，你不知道或者是你不在意，真的沒有意識到，所以你對這件事情無動於衷，這種叫沒感覺，是因為沒有放在心上；另外一種沒有感覺，叫做假裝不在乎，漠視別人的感覺，然後自己騙自己沒有感覺；所以你是哪一種？

芸安：我不是漠視別人的感覺⋯。

引導老師：對，但你是**假裝不在乎**。你用沒有感覺來壓抑自己，然後不願意改變。

（芸安沉默許久。）

芸安：對啊！原先下來就是不願意改變。

引導老師：對啊！所以師父要讓你改變，你**本來的責任就是要改變**啊！你不能再用舊的思維、舊的方式、舊的法杖的模式了，或者是說我這樣就好了，所以，師父要讓你成長，要讓你變得有感覺，就像元神故事裡說到，你不可以像一個法律系的學生一樣，只會背條文，你要能夠運用啊！所以讓你下來幹嘛？體驗人生，因為就是要來紅塵，你的作用就是**面對紅塵**，不是面對佛祖；法杖不是去面對佛祖的耶！是來**面對眾生的**，是不是？

芸安：對。

引導老師：法杖也不是用來擺漂亮的，不是把它裝飾好、弄漂亮，就收工沒事了。

芸安：好，我知道。

引導老師：所以不是來把條文列好、擺清楚，條文寫得很詳細而已，而重點是能用，用了會怎麼樣，用了是什麼樣的感覺，你要能夠去明白。還有，你為什麼會對「不要的感覺」感到受傷？其實就是你有選擇性，不想改變，所以你就不要去面對；那不要去面對的，你也有感覺，你也知道，你就假裝不在乎，假裝沒有感覺。

芸安：因為有感覺也沒有用啊！

引導老師：不是沒有用，**感覺來的時候就是告訴你要面對，要去改變**啊！誰沒感覺，不可能沒感覺，師父告訴我們要學會沒感覺，先決條件是你要先有感覺，不然你怎麼知道什麼叫做沒有感覺，是懂得去處理那個感覺。

芸安：好，我知道了。

引導老師：因為你依賴慣了，不想脫離原本的模式、原本的舒適圈，想著為何要搞得那麼複雜，為什麼要改變？因為通常是不好的人想改變，好的人不想改變，這樣懂嗎？沒事的人不想改變，有事的人想改變。父母親給你的愛就是要讓你有溫度、有感覺，可是你沒做好，就變成養成依賴而待在那個舒適圈裡。所以，當父母親走的時候，你的悲傷到底是因為悲傷父母親的離去，還是悲傷自己沒有依靠了？

芸安：悲傷沒有依靠了。

引導老師：對。然後就開始封閉自己，強迫自己不要，強迫自己不願意，強迫自己開始去想理由，合理化自己的想法。其實，你認真想想，人生有很多時候是必須刻意轉身的。懂嗎？

芸安：是，明白。

引導老師：好，那我可以請問你，你說知道了，懂了，究竟懂了什麼嗎？

芸安：知道我的依賴心來自於哪裡；懂了我其實不是沒感覺，是不想去感覺，是假裝沒感覺；懂了我來紅塵是必須面對眾生的，不是把自己做好就好了；我也不是把規章條文列出來就好了，應該要去看怎麼做，怎樣做才是對眾生有效的、有用的，這個才是我要做到的。

引導老師：那麼，芸安，我想請問你，當你看完元神和轉世投胎的第一世的故事之後，你的感覺是什麼？因為你對於無形的部分是很能接受的；你的感受是什麼？

芸安：我不知道原來我是這麼依賴的，原來本質裡的依賴性的程度這麼高，我不知道自己是這麼的死賴皮，這麼不願意接受改變，這麼害怕改變；這一世的肉身讓我以為我很能夠接受改變、我很愛改變，我還去要求別人改變；我以為我沒有依賴心，什麼都可以自己做。

引導老師：你看完之後發現自己有這樣的問題，那你覺得現在有這樣的問題嗎？

芸安：還是有啊！

引導老師：所以你是看到自己有這樣的問題了。那你在日常生活或是志工老師的角色中，你有發現什麼樣的事情讓你感覺到自己的依賴而有所改變的嗎？

芸安：剛剛說我覺得這世的自己不依賴，其實是因為當軍人以後，是沒得依賴的；所以感覺自己是沒依賴的。

引導老師：對，從你的故事裡會看到，其實這是老天爺安排好的，我們**所有的過程都是老天爺安排好的**，那麼祂讓你有軍人的這樣的一個角色和身分，就是在訓練你的獨立和不依賴，但骨子裡的依賴還是存在的。

芸安：我骨子裡依然還是依賴的，這世的角色裡，老天爺安排我沒有一個人可以依賴，但我察覺得出自己還是依賴的。

引導老師：那我想請問，當你察覺到依賴這個本質還是存在的時候，你的生活裡有什麼具體事實，你發覺它是依賴的？

芸安：當看完元神故事時，我很認真地想了一下這個問題，在這一世我有什麼是可以依賴的？遠的就不說了，若說近期的話，我其實是依賴著八方的。我只要按照八方的規定，該接學生就接學生，該開線上課程我就備課上課，該參加活動我就參加活動，就這樣依賴著過呀！

引導老師：你現在除了上述之外，也只是多了個寫部落格啊？

芸安：我隱隱然知道不可以這樣，就開始試著寫部落格。

引導老師：這是依賴還是懶惰？還是不肯承擔？這是兩件事，須要釐清。我們上這個課程，是為了要更認識自己及認識自己之後必須改變。因為調了元神的出處和第一世轉世投胎的故事，讓我們可以看到真正要改變的原因；而所謂的要改變就是你已經做了，已經改變了。如果針對依賴和不肯承擔，我們上這個課的目的是要知道這個靈魂終究是重生來贖罪、來感恩、來回報的，那麼，看完這個故事之後，你近期改變了什麼？

芸安：老師，我覺得我的問題不是不願意承擔，或是懶惰什麼的；我是要**學會心甘情願**。

引導老師：你沒有心甘情願嗎？

芸安：我一向用「你叫我改我就改啊！」的方式，而不是我主動去做。比如，老師說你要接學生，即便我才進八方也就接了；老師說你要講課我就摸摸鼻子上課了，不管講得好不好。不過，開立部落格這件事是我心甘情願去嘗試的，因為它會是很大的壓力，這中間我也承受很多自己的想法等等，有的沒的；透過部落格寫出大家的元神故事，線上課程的內容及精彩的對話以傳達師父的道理，這是我心甘情願的。而且，我也找到方法來做這件事，我覺得這是一個比較大的不同。我正在學習如何心甘情願。其實，我現在已經沒有不願意改變，元神故事顯現的本質是不想改變直到被師父逼著改變，迫於無奈下不得不改變，我的確有依賴的本質；所以，之前要我主動去做什麼事，那是有困難的、不可能的。近期就是寫部落格這件事是我主動、願意心甘情願跳進來，想把它寫出來的。

引導老師：好，我想問另外一個問題。在元神故事裡，有一段過程是因為如來佛祖不理你，所以你生氣的嗎？

芸安：是。

引導老師：所以你認為師父是不理你、不愛你的嗎？

芸安：不是。

引導老師：你為什麼認為師父不是不理你？不是不愛你？

芸安：我知道師父就不是不愛我啊？

引導老師：你憑什麼認為師父不是不愛你？你那麼不聽話為什麼要愛你？

芸安：因為師父要叫我下紅塵來是為了愛我，才叫我下來的。

引導老師：如果你知道師父是為了愛你，才叫你下紅塵的，為什麼你這麼不願意？

芸安：我現在知道，但以前不知道啊！

引導老師：所以你現在知道師父是愛你的嗎？

芸安：我現在看完這個元神故事，我知道師父是愛我的。在那段不願意的過程裡，我不是覺得師父不愛我，我是不想離開師父。我沒有覺得師父不要我、不愛我或是要拋棄我。

引導老師：好，那你認為師父要你離開的時候，是什麼原因非要你離開不可？

芸安：因為新法時代即將到來，我若不去學新法，就只能變成一個沒有任何用的法器；不學新法，就只能被孤伶伶地丟在倉庫裡，或是當個擺設，一點用處也沒有的。

引導老師：所以你現在都明白了嗎？

芸安：明白。

引導老師：我希望你是明白了。那麼，我想問在座的各位，有多少人能明白什麼叫做「心甘情願」？

要知道，我們在座的志工老師，都是承諾過的，也都在八方的道理中得到過的；從今天的故事中，其實更清楚的知道，師父在一路的過程裡面怎麼幫我們安排，怎麼讓我們在我們的生命裡是越來越好的，或在泥濘地裡將我們救起。「心甘情願」這件事不是師父能給你們的，完全是在於你們自己。

在這個過程裡面，不論是這一世也好，不論是累世也好，或是你們的元神也好，你們到底要怎麼樣去做好師父的代口，及把師父的道理認真地傳達出去，完全是在於你們的心甘情願，因為這是你們自己必須要得到感動與感恩，如果你們得到感動及感恩，你們自然而然會心甘情願，也會找方法讓你們越過越好。

如果你們今天沒有心甘情願，或者心甘情願只是心甘情願，沒有什麼改變，沒有積極度、沒有熱忱、沒有方法，只是就這樣就好了，你叫我做什麼就做什麼就好了的話；別忘記，師父曾經告訴我們「學習要主動」，如果我們今天沒有做這些事情，就是原地踏步；就算你是十足十的心甘情願，你不做也一樣；心態完全臣服，不做，也一樣；心態完全認同，不去傳承，也一樣；不去改變，不去提出更積極的做法，也一樣；未來我們會在治國、平天下和自我提昇的部分更加要求。如果你們沒有心甘情願地去做，更積極的、更創新的、找出更多方法的話，其實，原地踏步，守著這個堡壘，守著這個協會裡的道理，是沒有用的。芸安今天的故事是個很好的開示，因為最後講到了「心甘情願」，還有其中的過程，給我們很多的啟發。我補充完了。芸安，我有看到你在改變，我覺得很不錯。

芸安：好，謝謝老師。

紅塵說

感覺是心理體驗和反應，不僅是外在事實的表達，也是我們自己的判斷。感覺太多，過於主觀，易形成偏見而自我設限，漸漸偏離道理而阻礙自我進步；感覺太少，看不到自己的問題，難以找到自我價值核心而卻步，無法做出改變而阻礙自身成長。看來感覺太多或太少對我們的成長與進步都是阻礙！如何才能讓無時無刻存在的感覺成為助力？！

紅塵都是考驗，是讓我們得到大智慧的考場，當感覺來臨之際就是一記警鐘，它是在提醒我們得面對、得改變，勿重蹈覆轍。那麼，我們該如何面對感覺，駕馭感覺，看到自己，改變並做出道理以通過考驗呢？師父的智慧語錄提到「做人沒感覺」，這說的是我們得學會沒感覺，遇事就依循道理去做，做出天道即可，剩下的就交給老天爺蓋棺論定。看似簡單的心法，卻是違反人性的大挑戰，到底該如何一步步地落實呢？俗話說得好，知己知彼百戰百勝；你要先有感覺，去感覺，經歷過程並學習，才能一步步地學會駕馭感覺、善用人性以做出道理的方法，進而明白『做人沒感覺』的真諦。所以，打開心門，誠實地面對『感覺』就是你的第一步；再來體驗感覺引發及存在的過程，自我反思並學習面對與處理的方法，最終便能懂得處理『感覺』，駕馭並加以靈活運用在道理上。

芸安是個理性重於感性的女子，自工作職場退休後，將自己完全歸零，因緣際會來到八方，不但學會認識自己，也學習了三藐三菩提的智慧，運用在自己的家庭關係。如今，兒子已娶媳婦，家庭成員添加了孫女及孫子，傳承上有了更多的角色，歡歡喜喜地隨著八方的腳步，感受著無緣大慈，同體大悲；開心地在每一個角色中傳達豐富的人生體驗及天道。

「是故空中無色，無受想行識；無眼耳鼻舌身意；無色聲香味觸法；無眼界，乃至無意識界」

「眼耳鼻舌身意」對照著「色聲香味觸法」即指眼睛看到的有色（物質）世界，耳朵聽到的聲音或話語，鼻子聞到的香味或氣味，舌頭嚐到的味道，身體碰觸到的觸覺，以及自我意識產生的各樣想法與認知。

透過眼、耳、鼻、舌、身、意，我們對於紅塵世事產生許多感覺，這些感覺引發了愛戀、憎恨、歡喜、憤怒……等等的情緒，讓我們進一步做出反應與行為，並一點一滴建構出自我意識與認知。紅塵充滿著考驗，肉身經歷紅塵世事必然產生感受、想法、行為、意念，唯有感受與看到自己真實的樣貌，並依據天道判斷，我們才能從中累積經驗與智慧，慢慢不受外在因素干擾，才能走在正確的道路上並成長，漸漸地不再被外在因素影響認知判斷而失去人生的方向與意義。

所以，我們首先要真真切切地感受到這些情緒帶給我們的感覺，反思並看到自己，認識自己並接受自己的不足，同時明白這過程是要教會我們如何應對，如何處世，是為了讓我們提升智慧，進一步尋求改善與調整方向，讓自己更有智慧的面對人事物。當你逐步改變，才能逐漸不起煩惱，一步步地走向「無」的境界。如果只是關閉感覺，封住感覺，那就不是過紅塵的方法，只是白來了紅塵一遭罷了！

昭彬老師說

人生最大的快樂在幫助別人！當你不受紅塵世事干擾而將自身角色做

好，便能慢慢地跳脫角色的限制，推己及人，一步步走向傳達道理、渡己渡人，這過程將使你的人生不僅僅只是自己好，也希望人人好，而更進一步地做出貢獻並創造被需要的價值。因此，想讓你的人生更有意義，你要更細緻地感受自己的感覺才能同理眾生遭受的苦，學習並找到面對的方法與處世之道，才能引領著眾生脫離苦痛，回歸天道。

這並不容易，因為，你除了得克服自身本質的問題外，還須面對道理是否通透的考驗。不過，行百里者半九十，越接近成功越困難，越要認真對待；堅持做道理並時時鍛鍊自己的心智，隨著八方的腳步前進，那麼，完成與師父的承諾將指日可待。

（三）釋迦牟尼佛的肚子

元神出處

Kimiko自述

我的靈體是釋迦牟尼佛的肚子。在佛祖涅槃時被要求去學習新法，佛祖的眾弟子和身上的五臟六腑就裂解分散到各處去學習，當學習完成之後，各自成佛。祂必須要學習一個靈魂從無到有、全部的、從頭到尾的紅塵功課。這樣的碎片有多少呢？很多，不可勝數，說上萬都還嫌少，大概有兩億個靈魂要學習；意思就像是放一缸子小魚，能存活多少要看自己如何求生存，活下來，因為初始的靈只是一抹意識，非常地微小，需要養護及培育；就像胚胎一開始在母親的子宮裡慢慢長大是一樣的。我就是其中之一。

我來到了雲南，從佛母出生，還是在天界；後來遇到佛魔戰爭，佛母保不了自己的地盤，但為了要保護我們這些弱小的靈體，就把我們整批送走，之後我跟著大家一起流浪。因為靈體太過弱小，我們屢屢遭受山精水怪們的欺侮和羞辱，我的心裡充滿了對未知的恐懼及不安，直到觀音佛祖出現救了我，帶我到蓮花池裡聽經養靈。

經過非常漫長的修養，慢慢地我從渺小的靈體可以幻化成人形，有了個小仙子的人形。我的個性靜不下來，很沒有安全感，都是因為之前流浪受到驚嚇和傷害造成的，我也不耐煩聽經和讀書，常常跑來竄去，滿山遍野地跑來跑去。總想著如何讓自己變得更強，因為更強才不會再受到傷害。

有一天，我發現觀音佛祖的後山中有很多將軍在練兵，我感到驚喜莫名。原來那是老君師父的將軍們在訓練，那剽悍、銳不可擋的氣勢深深地吸引著我；因為在流亡途中被欺辱的經歷，一直存在我的心底深處，想要變強大的思維也始終盤踞在腦海裡。於是，我常常在聽經時跑去偷看將軍們練兵，他們好神氣、好威風，我也想跟他們一樣。但是，當我問觀音佛祖：「我可以修練嗎？我可以練到像他們這樣嗎？」佛祖說：「不行，你要繼續讀書，還是要聽經，應該要靜下心來，你的**根基並不足夠**。」可是我就不想接受；想要變強大的心驅使著我，我仍常常跑到後山並假裝在練兵，亂揮劍、亂比劃。這樣的行徑被練兵解散後經過身旁的將軍們嘲笑，甚至被其他兵士嘲諷。不過，我不以為意，依然堅持著。這時有位大將軍便會喝止那些笑我的將軍們，他有空時也會過來教我幾招。之後我還是一直跟師父說：「我想要提升，我想要修練。」師父始終不同意，但因為大將軍的教導，我漸漸地學會一些招式。經過一段時日，我就覺得自己越練越厲害，還覺得他比我笨，只會練功，什麼也不懂，而且也沒有我聰明；我就常常捉弄他，想著讓他犯貪念。後來老君師父察覺到我的意圖，告訴觀音師父。師父大怒便罰我閉關，不准再出去外面。我大概被關了三十年。

被關出來之後，觀音師父看我真的很想練功，便同意讓我去老君府上練功，並且派那位大將軍來教我；我正式開始練功，武功越來越好。當武功越來越好時，我有了得失心，開始想和別的靈魂比較高低。怎麼辦呢？我心生一計，向師父說我想要去歷練，但觀音師父很清楚我的意圖，不讓我出去，我便開始耍任性、搗蛋，搞破壞。

有一次，我跑到後山，進到一個山洞，看到有位佛陀在閉關修練，他的前面有個發光的珠子，我左試探、右比劃，拿刀劍作勢要砍他，他卻沒有任何動靜，也沒有說話；我一時興起，想過去收起那顆珠子，沒想到，我一拿起那顆珠子，山突然就整個崩塌了。我嚇壞了，非常緊張又害怕，直往外跑，想著找大將軍求救。

山體的崩塌，引起天兵天將的注意，集結巡邏追查；當然我就被發現、被追趕、被圍捕，還沒見到大將軍就被抓了。我心想這次真完蛋了，但萬萬沒想到的是，情況急轉直下，大將軍竟然告訴老君師父，是他要我這麼做的，我的處罰就被擋了下來，反而是大將軍被師父壓在石頭底下，靈魂被壓得扁扁的，動也不能動。我急得趕回府裡找救兵，但觀音師父正在閉關，我找不到也見不到師父。我四處打聽大將軍的下落，有位看守天牢的小兵告訴我，大將軍被幾十噸的大石頭壓著，快要魂飛魄散了。我急得不得了。

小兵又說：「你去求彌勒佛祖，祂最慈悲了。」我在彌勒府前跪了很久，彌勒佛祖都沒有理會。終於等到彌勒佛祖出來了，彌勒佛祖問道：「你準備……？」我說：「我不可以讓大將軍死……。」佛祖說：「你要替大將軍死嗎？」我說：「有方法可以不要死嗎？」佛祖說：「有啊！可是很難喔！」我一心只想救大將軍：「多難我都不怕！」佛祖說：「你要下紅塵去學習紅塵和世間法。」我回說：「好。」最後，佛祖保我們出來，**要我完成任務讓**

將軍情圓滿，我自己也能圓滿回天。

佛祖拿出一個令牌，我立刻拿去給天牢的守衛。大將軍這時已被壓得殘破不堪了。隨後我被帶到一個書房，在一份文書上畫押；我稍微看了一眼，上面寫著我要做到的事，都是人間的事，我不太在意。不久，仙女出現並給我吃了一顆忘掉天上記憶的藥，接著帶我去祖靈那裏報到，就這樣下紅塵投胎了。

老師引導Kimiko

引導老師：你說到雲南的佛母出生，你再看清楚她是誰？

Kimiko：就是一個借住的地方啊！

引導老師：你流浪時遇到觀音接引你，觀音為甚麼要接引你？發生了甚麼事？

Kimiko：因為我向觀音說我很苦，大家都欺負我，因為我的靈太小，我還不會說話，也沒有歷練，幾乎就是一個新的靈，沒有保護，也沒有地方可去，只好跟著大家，雖然被欺負還是只能跟著。

引導老師：為甚麼會遇到觀音呢？

Kimiko：我不知道耶！

引導老師：因為你們這群流浪的靈被師父看到，師父看到你是可造之材，才會帶你走；師父並不是把你們這群靈都帶走喔，只有你。那時候你有意識嗎？有感覺嗎？

Kimiko：沒有。就跟著走。

引導老師：那你到蓮花池之後都在做什麼？

Kimiko：我就養靈啊！在蓮花池裡養著，聽經，接受日月精華。

引導老師：你知道為什麼要放在蓮花池裡的蓮花中嗎？因為蓮花是化

生，用來轉化的。你看哪吒也是一樣，他在剜肉還母剔骨還父後，也是被帶到蓮花池裡養靈，你懂嗎？再來你知道為什麼在蓮花池時，觀音師父不讓你去修習那些將軍們的能力呢？

Kimiko：因為師父覺得我的時間還沒到，我就是應該好好靜下心來在裡面學習。

引導老師：那你犯了甚麼毛病？

Kimiko：就「貪」啊！

引導老師：對。貪甚麼？

Kimiko：貪能力。

引導老師：對。貪外功，你因內力不足，沒有內容，觀音不讓你去練，時間未到，所以叫你讀經，練內在修為。可是你太聰明了，你會模仿、取巧，你嫌人家笨；你不知道那一招出去有多少的功力，你只是比劃出招式，靈活但是沒勁，你會變來變去，但沒內勁；大將軍是讓你的，讓你開心，而你卻認為自己好棒。**這代表你的個性本質裡有好勝心，愛面子，衝太快**。

Kimiko：是。

引導老師：你再看看，你是怎麼逗弄大將軍的？不然，大將軍好端端的，修為很足夠了，還要陪你下來過情關？

Kimiko：我就故意倒在他身上，向他撒嬌，讓他動凡心，讓他起心動念，然後又跑掉。

引導老師：對。你在被關了三十年出來後是不是讓你繼續讀書，練功，練內在修為；但你有沒有受到教訓？

Kimiko：沒有。

引導老師：你好不容易自由了，更會長眼，更會鑽漏洞了，又更有比較心。因此，你的心思很多，這會讓你容易受傷；只是，你運氣不錯，那時碰到的都是好人，都會讓你。你有想過他為甚麼要跟你下來嗎？一方面是你挑弄他，他動了凡心，犯了戒；另一方面也是因為他做錯了，所以必須陪伴你下來學習和過情關。接下來，你說在山洞裡動了那個佛陀的珠子，你覺得那是甚麼？你知道嗎？其實那是一顆養心的定心珠。那珠子就是定在那裡的鎮山之寶。你拿走之後，如何處理了？

Kimiko：我拿走之後，看到山竟然因此而崩塌了，心裡很緊張又害怕，隨手就丟到蓮花池裡去了。

引導老師：你丟了之後，觀音師父怎麼說？

Kimiko：我丟的時候，師父不知道。後來我跑去大將軍那邊想求救，他已經幫我擋下來，之後就沒有再去動那顆珠子。

引導老師：現在那顆珠子呢？在哪裡？

Kimiko：在彌勒師父那裡。

引導老師：你想想，之前是不是有收過類似的珠子？

Kimiko：是。彌勒師父有給過我一顆珠子。

引導老師：那麼你知道你看到的那個佛陀是假象嗎？為的就是要找個理由讓你犯錯，才能讓你下來；但也是在考驗你。那師父給你的那顆珠子要做甚麼呢？

Kimiko：很神奇的是，在之前（二〇一六年）接天盤的時候，彌勒師父給了我那顆珠子；那時師父只是點點我，我就收了那珠子。之後，珠子就一直在我旁邊轉；我去到磁場不乾淨的地方時，珠子會轉出來幫我轉磁場。另外曾經在我經過一家佛具店時，聽到師父說「你把它轉出來」，但我聽不懂，那珠子轉著轉著就進了佛具店，結果再轉出來的是帝君。晚上時，帝君就來向我說，他能出來是因為那顆珠子。我還趁著打坐調氣時把帝君送回去天上。所以，那顆珠子會在我需要它的時候出現。

引導老師：那顆珠子就是你的本心、本性啊！幫你安定的。你看這整個過程走下來並沒有很複雜；但師父說時間到了，當時間到了就會找個事情來發生，你才會知道做了甚麼事，為什麼要下來，要做甚麼功課，對吧？所以你會知道，**一切都是造化**。既然要做功課，再攔你也攔不住，與其讓你破壞真的，不如做個假的來讓你破壞。那你認為師父要考你的功課是甚麼？

Kimiko：還是「貪」。

引導老師：貪甚麼？**貪能力，貪快**。快，就容易犯錯，能力會拿來用錯地方，或者思慮不周而出錯。**你不但要修外在的能力，還要修內在的能力，內外兼修**。內是甚麼？就是學天道，學道理，學到通透；還有，就是多讀書。做事時，你**容易有得失心，就是不夠柔軟，會驕傲**；那個驕傲會讓你容易受傷，它不是臭屁式的驕傲，就是心裏的傲氣，覺得自己最厲害，會覺得自己與眾不同；**對有些東西你會瞧不起、不屑**，所以要更珍惜你已經擁有的，要不然受傷的是自己。因為你願意付出，原本那些就是做出來為別人，不是做出來給自己成就的；但你有時候會分不清楚，哪些能力是拿來幫助別人，做付出的，拿來渡人的，反而會拿來彰顯自己的能力，這樣就會有落差了，就會出錯。意思是如果為了證明自己很聰明，自己的功力很好，自己很靈巧，那就更容易出錯。有時你會為了要給人看，對別人來說卻是賣弄；**賣弄的時候會遭天地鬼神忌諱**，那就沒有護持了，那就要自己承擔了，所以，讓你讀書，讓你學習，是為了讓你知道真正做天道是不會被鬼神所忌，所妒忌的。

Kimiko：明白了。

第一世

Kimiko自述

我的第一世是男生，是雲南的少數民族，居住在深山裡。我在家裡有個從小一起長大，媒妁之言的媳婦，每天過著砍柴挑水的生活。

除了日常生活裡的砍柴挑水之外，我還要去城裡跳舞給賓客看，展示少數民族的風土人情文化。舞碼是兩位女子示愛求偶的舞蹈，我們這個民族表達自己的情感會用跳舞來展現。在跳舞時，我的角色是男子，身旁有兩名女子分別跳舞向我表達情感，討我歡心，看我喜歡誰，就跟誰在一起。因此，我在工作時就會覺得很開心，因為被需要；我享受那樣的過程，也留戀那樣的感覺。但當我回到家，面對另一半，她是位普通的婦女，每天就是柴米油鹽醬醋茶，與妻子無法交流，無法產生火花，生活總感到沉悶不堪。我覺得自己很喜歡在外面的感覺，回到家後是感到厭惡的，而且我也沒有辦法向她說出我心裡的感覺。

我一直沉溺在外面那樣的情境裡，回到家裡就好像進入墳墓，日子就這樣反覆地過完這一生。我也沒有甚麼其他的作為，只是每天沉浸在那樣的夢幻中，幻想著愛情的美麗。我也沒有和妻子分手或者有其他的選擇，這一生過了很久，很長，但就是沒有得到情圓滿。

老師引導Kimiko

引導老師：其實那一世你的媳婦與元神故事裡的大將軍並沒有任何關係，但你開始認識甚麼叫作情，卻還不懂。所以，你有發現自己要的是甚麼嗎？

其實，**你想要的是光環，就是被人家注意，被重視，被注目**；可是你只想得到，不知道甚麼叫付出。你要知道，為什麼你是從男生開始做起？因為男生才比較不會受傷啊！若是女生，你看那女生多可憐，讓你當男生，是師父疼你；也就是因為這樣，你的性格裡有男人的性格，你會很堅強，但潛意識裡又需要被肯定和讚賞；矛盾的是，當給你讚賞多了的時候，又像毒藥，自己會更容易受傷。那麼，這一世你看完了之後，自己的感覺是甚麼？

Kimiko：我覺得那時是因為自己並不清楚心裡要的是甚麼？也不會表達……。

引導老師：但沒辦法啊！你在那樣的環境中，無法選擇另外一半。

Kimiko：所以我是要滿足那個現狀嗎？不能貪那個情。

引導老師：並不是不要貪那個情，是你**沒有面對現實，自己騙自己**；也顯示了你會自我催眠，認為自己沒問題，我還好、我可以、我知道。但有時候太過、太深。而且你忘記了，其實你會通靈又在學道理，這時你須要打開通靈求救，問師父；不是依賴，是我知道自己要做甚麼，碰到甚麼問題，自己去思考，然後把道理做出來。

Kimiko：現在應該還好吧？

引導老師：不是還好，你的問題是事情沒來考以前都還好，但一考就倒。你會自我感覺良好，因為你很會安慰自己。你在想這些事情時就沒有想到道理，想的是如何讓自己的心平靜下來，不要煩惱；你沒有去想道理，但如果道理通透的話，根本就不會被影響，可是因為你太急了，你就貪快，急啊！你會堅持用自己的方法，認為它比較快時，便會忘了師父的道理；你又愛面子，很多事就會講不了。家人講不了你啊！被講會很難過，講不得，受傷會很重。但你也會靠自己恢復，因為前面講過你很會自我催眠。

建議你不妨從道理去走，要用道理去看。其實你之前為了婚姻所做出的努力，改變自己，很少女生可以做到這樣，很不簡單。有這樣的決心，還怕甚麼做不了的嗎？不要忘記你的初心啊！要想清楚自己在幹什麼、對不對，要用道理來看。這樣明白嗎？我們還沒看到後面七世呢！現在才第一世，為什麼第一世都要來過情關？人間有情，五倫關係不圓滿甚麼都白做，做過頭、沒做，都不行，怎麼辦呢？

Kimiko：請問我和大將軍是彌勒師父保出來的，我答應彌勒師父我要學習讓他圓滿情，這樣是對的嗎？

引導老師：是。所以你們會各自在不同道路上學習，甚麼時候相遇不知道，之前一定已經相遇過但沒圓滿，後面才會再碰到，要做到，才會圓滿。

Kimiko：對。他就是我現在的先生。以前我對他很不好，覺得他為什麼要一直纏著我，但我看完這個故事之後，我覺得真的要好好做。

引導老師：讓你現在碰到，就是寫考卷了。中間可能是在學習，學習有對有錯啊，你們可能某世遇到過，但是沒做完；這世時間到了，再讓你們遇到，就是寫考卷了；這時候分數就很重要了，不再是隨堂考，而是大考了。你的先生是很有能力的，但是被你欺負，卻也心甘情願。所以，誰纏誰還不知道呢！要覺得幸福才是重要的。

Kimiko：是呀！很謝謝他，為了我被壓那麼扁。所以我現在都很低頭，學習柔軟。

引導老師：要有方法做出來，女人特質都有教啊！同樣的一句話，用不同的方式、語言表達出來，就是不同的感受；低頭不是認輸，低頭是懂他的心，不是只聽到表面的話語，而是知道他要甚麼，你就知道該怎麼做；如果只聽表面的話，可能你的氣就上來了，你要看到他講這句話，話不重要，它只是個符號，一個藉口，重要的是去看到他心裡發生了甚麼事，才會講出這句話。那你就能比較沉得住氣，願意低頭；願意從道理走，願意去圓滿他。

Kimiko：是。明白。

紅塵說

為什麼第一世都要來過情關？因為只有人間有情，「情」既能苦澀又能甜，情的元素讓五倫關係增添色彩。情若不圓滿，什麼都白做；無論做過頭或沒做，都不是圓滿，那麼，如何才是圓滿呢？滿足自己並能滿足他人！該如何滿足自己？懂得幸福的真諦，並感受與體會生活中的幸福。

故事中的靈體因為太微小，在流浪的生涯裡備受欺凌，讓祂缺乏安全感而自卑，所以祂想要變強。祂並未處理與面對那個不安全感，也未面對那個自卑，而只是想辦法變強大；但祂靜不下來的性格本質，又讓祂無法依照觀音佛祖安排的程序，循序漸進地養成，因此，有了後面一連串的變化。透過這故事，我們可以看到，因為感覺與感受而激發出「想要」，有「想要」才開始經歷過程，也才會衍生智慧。那麼感覺重要嗎？不重要，也重要。感覺最深層的感受，才是最重要的。感覺雖是各種煩惱的源頭，卻也是每個問題背後的智慧根源。換句話說，這一切都是造化啊！

此外，這元神的本質裡還有「貪」的元素。「貪」什麼呢？「貪能力」，但不可否認的是，因為祂本質裡的「貪」，讓祂想努力並得到能力。

只要祂能覺察到自己的「貪」與安全感有關，便能客觀且理性地評估取捨，而不至於失去平衡。至於老天爺的安排，安排什麼？安排過程讓你看你的造化，讓每個靈魂發現自己的核心本質，看到核心本質如何演化與牽動出每一世的輪迴。

在現實世界，Kimiko自小即是敏感體質，睜開眼睛就看得到無形的存在，因此困擾甚久。進入八方學習後，她明白這是老天給的天賦，因此不再排斥而是學會適時地關閉天線，並且利用這天賦助己助人。Kimiko與先生共組家庭的過程，經過無數次的努力，終於得到婆婆的認同，也生了兒子；雖然未必事事順遂，但道理日漸通透的她，總在一次次的考驗中過關。現在的她對於「三藐三菩提」的智慧更加通透，也懂得如何讓人生更有意義，目前更為開創和推展八方的會務盡心盡力，在付出與傳承上，在小愛與大愛間，做得有聲有色。

心經說

「苦集滅道」

當靈魂在輪迴的過程中，念念相續，有了種種的煩惱，並且生出了因煩惱所「苦」的感覺；為了不想再經受這樣的苦，想要消滅這個苦，便去找尋各式各樣的解決方法。或許唸經迴向，抄寫經文，學習經文；或許皈依，進入佛門，祈求佛祖們護持等等；無非就是想要消「滅」這些苦。然而，有些解決方法卻未必是走在「道」上。解鈴還需繫鈴人，唯有走在正道，天道之上，根本解決自身的執迷，智慧開才會尋到真正的解決方案。

紅塵是真苦，如何解脫？來讀心經吧！心經就是觀音佛祖為眾生解答紅塵一切問題的法呀！

昭彬老師說

每一個靈魂都有自己的過程，彼此間無法也無須比較，更無孰優孰劣之差別；每個靈魂雖有不同的過程，卻有相同的目的與方向，那就是提升智慧，不斷地向上。

每個靈魂的「想要」與道理通透的程度將會影響並決定其過程。「想要」更加強大或者「貪」能力都無妨，但當能力增強變大時，你的分別心與驕傲心便會油然而生，這時你的「想要」與「貪」將會成為致命傷，阻撓與妨礙你往前進及向上提升。

在紅塵接受考驗的我們，靈魂成長的過程無人能評判也無須評議；唯有自身不斷地反思、檢討、做出改變；再反思、再檢討、再改變，透過這樣的循環，讓自己不斷地提升智慧、向上，再提升智慧、向上，直到肉身走到盡頭，蓋棺論定。靈魂的去處與未來，老天爺自有安排。

（四）母娘的眼睛

元神出處

青萍自述

我的元神出處是母娘的眼睛，這眼睛分成兩個，一個看「是」，一個看「非」。我是這個「非」，我看「錯誤」的地方，另外一個眼睛看的是做「對」了什麼事情；他看「是」，我看「非」。因為母娘掌管重生，所以常有想重生的靈魂來求母娘；這些想重生的靈魂常會重訴他的過程，以請求母娘給予一個重生的機會。這時母娘會指派她的「眼睛」—「是」和「非」去看這個靈魂所述的故事是對的或是不對的，據以評斷是非。因此，這個眼睛的工作是負責察看重生之靈魂過去所發生的故事並回報母娘，再由母娘決定這個靈魂是否得以重生。

然而，這兩個眼睛相處得不太好；因為兩個立場是不同的，一個看「是」，一個看「非」，他們是處於對立的狀況。我這個「非」其實很不喜歡與「是」這個眼睛一起看整個過程，我覺得他很討厭，不喜歡和他一起；因為我看到的與他看到的不一樣。於是，有一次我就向他說：「『是』，你就不用去看了，我去就好了。我看回來再向母娘報告，你就不用去了。」這個「是」其實也懶得理我，既然我這麼說，他也就沒再說什麼，表情冷漠，反應冷淡，就讓我自己去看了。我也很高興，少了這個「是」在旁邊跟著，好比少了個拖後腿的負擔。之後每當受派看過程時，我便自己下去看了。但是，事實上，在察看的過程中，因為少了一個眼睛，看到的事件過程不夠完全，回報母娘的部分也就存有很多錯誤；許多因果的部分過程，「非」並無法看得很完整。於是，我便問師父，有幾成是錯的？師父回說，有七成；也就是說在這個過程中，有七成是被我這個「非」看錯的。

由於母娘對於這件事情毫不知情，一直以為整個過程是我們兩個眼睛一起察看的，這件事情就一直被蒙在鼓裡。後來，因為錯誤太多，雪球越滾越大，我聽到很多靈魂開始責怪母娘，不平之聲此起彼落地說著：「啊！你不公平，事實不是這樣的。」隨著那個怨氣越來越大，魔便開始出現了。

老師引導青萍

引導老師：魔出現以後呢？

青萍：這其中有個很嚴重的導火線。我看到一個故事，有位母親來求母娘，她說她的兒子被官府的人抓走了，兒子才約八、九歲，官府的人要斷了他的手，因為他偷東西。這個眼睛下去一看，真看到這個兒子拿了饅頭就走，於是回報母娘說：「對！他偷東西，所以要懲罰他。」但是，事實上這個母親是寡母，丈夫已過世，這個小孩是被騙了；有人設局騙他並說：「欸，那攤子的饅頭是免費的，你可以去拿。」那孩子便開心地拿了就吃，這才被官府的人抓走。進一步追究，其實是某個極有權勢的老爺看上了他的母親，欲招其為妾，可是母親不願意；老爺為了逼她就範，才派人唆使其子偷饅頭並且報官府抓他。老爺心想等這個母親向他求救時便能以此作為交換，要求寡母嫁他為妾。說穿了這其實是有權勢老爺的計謀，但是「非」這個眼睛，並未把整個前因後果察看清楚。

這故事只是其中一個而已，像這樣類似的故事還有很多，「非」這個眼睛都沒有看完整。於是，靈魂的怨氣變得越來越大；後來大到連母娘也被懲罰了。大家都被關起來，關在一個山裡面；關了很久很久，長達數千年。

引導老師：那魔呢？魔的出現發生了什麼事？

青萍：魔是在被關起來之前就發生的。因為很多事情沒有被看完整，被斷章取義，所以讓魔覺得沒有公平正義，有機可乘了，他們的機會來了。他們時常趁人之危，挑撥離間，大家都為了自己的利益而犧牲別人，反正最後這些眼睛也都看不清楚，真相不會被發現。於是，天下大亂，母娘也因此受罰，大家都被關起來，關了幾千年。

引導老師：那後來怎麼出來的？

青萍：這個眼睛本來還很不服氣，還覺得我沒有看錯啊！我明明看到的就是如此。可是，隨著被關的時間越來越長，越來越久，他才慢慢開始懷疑，難道我真的看錯了嗎？後來他知道這些前因後果的過程，的確是自己沒看清楚。最後，他請求下去紅塵好好學習以彌補過去所犯的錯，不斷是非，而是去看每個靈魂的過程；他也因而發願，如果沒看清楚，沒學好、學會，就不回來；或者說他就回不來。

引導老師：所以說，整個母娘府的大大小小都因為這個眼睛的關係而被關起來，關了幾千年，是這樣的嗎？

青萍：對。

引導老師：後來時間到了就放出來嗎？

青萍：沒有。

引導老師：還發生了什麼事？母娘還發生了什麼事？

青萍：後來老君師父出來作保，條件就是我下紅塵學習，如前所言，沒有學會，沒有看清楚，就不能回來。

引導老師：是保你嗎？

青萍：不是，是保母娘。但是，是我下紅塵去做。

引導老師：那你下去做，母娘是繼續被關嗎？

青萍：沒有，被放出來了。

引導老師：是「留校察看」的概念嗎？

青萍：好像不是。

引導老師：有恢復原來的職權嗎？

青萍：也沒有。就是放出來而已，沒有職權。

引導老師：所以這個元神他就是下來學習，去看靈魂所有的過程。沒有是、沒有非，就是看清楚整個過程；但也不是沒有是、沒有非；就是要**學習去看整個因果關係，而不是片段的對錯；要能完整的去看、去學習**。沒有學會、沒有看清楚，就不能回來。另外，你在中間有講到魔出現？

青萍：當時因為一直在事實上面的判斷錯誤，而造成很多靈魂的怨氣累積，大家覺得反正沒有人會看清楚，所以開始害別人，利益自己；很多不好的事情就一直發生，魔也就應運而生，反正真相如何都看不清楚啊！沒有人知道真正的是非啊！也沒有人可以做一個正確的評斷，怨氣一直累積，越來越大。

引導老師：在母娘府被闢之時，魔在這個過程當中就壯大了幾千倍，接下來發生了什麼事情？這個中間還有事情，你再仔細看看。

青萍：就是各個佛祖都得下來收拾爛攤子，其中為首的就是老君師父，因為老君師父是在收魔的。

引導老師：老君師父為了收這場魔，付出了什麼代價？

青萍：元氣大傷，還拿出來好幾個法器。

引導老師：對，而且是用老君師父最重要的法器。

青萍：老君師父也花了很長的時間才鎮住這整個過程。

引導老師：對，老君師父原本有很強的法力，經過這場平魔之後，也是元氣大傷，因為他必須把法力貫注在法器之上，然後才有辦法鎮住那個地方。

青萍：後來法器和魔兩敗俱傷，那時，除了魔作亂之外，其實還有很長的一段時間是無秩序狀態。因為老君師父的法器沒了，法術也不夠了，許多小妖就趁隙作亂，所以有很長的一段時間是很混亂的，雖然不至於到魔氣滿天，也算得上是妖氣沖天；也就是說雖然魔亂最終被壓制下來，但老君師父也元氣大傷了。

引導老師：那麼你從這個故事裡，看到自己個性上的什麼問題？

青萍：最重要的是要看清楚事情的前因後果，就像我們在解因果，必須把整個故事看完整，才能做好佛祖判官這個角色。所有的因都會產生果，每個因果都有它的背景因素，如果只單看發生的事情，將限於片段，不夠完整，而斷章取義了。還有就是有時候**看事情會過於武斷，太有自信**。

引導老師：還有就是在達到目的的過程當中，你**容易起貪**念；意思是為了要達到目的，在過程中，你比較容易起貪念；可是你的貪，不是貪財富，不是貪權勢，而是**貪能力**。就是你會覺得你可以做到，你一定要做到。

青萍：這會是問題嗎？

引導老師：用在對的地方不會是問題，用在不對的地方就會是問題；或者可說本來的目的是要利益他人，但是在過程中會不自覺地利己，也就是會自圓其說地利己。

青萍：我在看這個故事一直有一個盲點，為什麼這個眼睛他要自己去？

引導老師：因為你覺得自己做得比人家好，你會覺得不需要多一個人來看「是」啊！我看「非」就夠了，我只要能看出「非」，不就可以斷結果了嗎？比如說，評判標準是〇到十，如果我的「非」有六項，那就是不能再投胎，不能重生呀！

青萍：我想這個眼睛是不是會有一個問題，就是**不懂得團隊合作**；換句話說，我要明白很多時候不是一個人做得了的，必須學習與他人合作。

引導老師：應該這樣說，你一個人可以做得了，但你要知道很多時候，兩個人做出來的，一加一或許不會等於二，但一加一會大於一呀！

青萍：這點還蠻重要的。我整理一下：

第一就是要把事情的前因後果，更謹慎地看得更清楚。

第二個就是不要對自己太有自信，太過武斷，要更謹慎小心。

第三個要學習團隊合作。即便我自己做得到，但團隊合作的力量其實更大，我不能忽略這一點。

引導老師：你剛講到自己問題，都有講到那個點了，可是你都有一點點的修飾。我可以跟你講直白一點嗎？

青萍：可以啊！請講。

引導老師：就是說不要有**好勝心**！心裡不要**不服輸**，我們講的是低頭柔軟，否則你就做不到圓融，你表面做到了，但內心很難過；就是好勝心。

青萍：好。

引導老師：因為與人家爭，不一定要用爭的；有時候不爭就是爭。

青萍：我現在好勝心還很強嗎？

引導老師：會。但是沒有那麼嚴重了。還有一點是你的好勝心，與我們相處，也許大家不會討厭你，可是，**你會討厭人家**，怎麼辦？

青萍：對。這一點要注意。

引導老師：當有討厭與不討厭之時，你就**有了分別心**；還有另外一點就是你比較**好面子**。

青萍：會。

引導老師：不服輸就會好面子，這是人性。優秀的人都會這樣，因為優秀的人都容易自負，有條件怎麼會不自負呢？那自負，就像之前講的，用在對的地方它是對的，那叫自信，用在不對地方，與人家沒關係的地方，那叫做自大。要小心！

引導老師：我們講眼睛，一個正一個負，其實就是告訴我們，並不是母娘把你派出去，它就是一個小世界；眼睛就是視神經，就是母娘意識中的一部分，可能是你負責的那個區塊，就像左腦、右腦各自負責不同的區塊，肝膽腸胃是不是負責的東西都不一樣。你認為眼睛是看得到東西的，與皮膚不同，它是用感受的，那你看到了，就會相信自己，容易相信自己看到的，但是看到的不見得完整。你看透人了嗎？你**看到人的表面行為，你看不到人的心，這就是眼睛的盲點**。眼睛可能認為，它在所有的器官中最厲害，因為我都看到了，我不用聽聲音就知道它在做什麼事，你就會笑耳朵，你懂什麼？你只能聽到，你真有看到嗎？這就是眼睛會發生的問題。我們再把它縮小成一個世界去看，你就會了解眼睛的用意在哪裡，要了解它的特性，眼睛不是和母娘比，它是和其他器官比，那它的特性在哪裡？那又還有一個反差，**你看的是挑剔、是毛病**，另外一個眼睛看到的是美好，你們兩個互相不喜歡，那一定左右不協調。

青萍：我可以再問一個問題嗎？我們有說第一世一定會在雲南嗎？

引導老師：不一定啊！每個人不一樣。先補充一下青萍的問題。剛青萍說，為什麼是母娘的眼睛下來？為什麼它不能整個元神下來，為什麼就只是眼睛？

我們從元神的故事會發現很多元神的出處是某一個佛祖的一部分，其實，當佛魔大戰之後，佛祖們知道因為是非善惡的不清楚，造成許多靈魂的滅亡，佛祖們必須自己承擔救人救世，所以祂身上所有的器官分別成靈下來救世。

青萍下來有他的原因，也有所有佛祖分別成靈下來救世的原因。舉個例子，曾經有位訪客是如來佛祖的靈魂，這是我唯一碰到的如來佛祖的靈魂，他們家人就分別是眼睛，耳朵，皮膚，心臟啊！湊成一個如來佛祖元神的組合。另外一位訪客，她的元神是女媧娘娘，她們家的狀況是，先生是她的耳朵，媽媽是眼睛，爸爸是她的嘴，妹妹又是⋯⋯，就是湊成一個五倫關係彼此互相圓滿、低頭與接受，然後共同去圓滿五倫關係，相對地圓滿元神應該要做到的功課。你單獨看這是一個元神的故事，但是如果你再進一步深入去看，他為什麼會和我們的道理相結合，他為什麼要我們做到圓滿五倫關係？其實不管是我們的前世，前世與我們的關係，甚至元神與我們的關係，他都會和我們的五倫關係有關。所以為什麼要做完整的五倫關係？因為，如果你的元神是某個古佛下來的某個部位，你勢必要做好五倫關係，你的眼耳鼻舌身意的組合才會回來歸位。這樣聽懂了嗎？

青萍：所以，老師，我身旁的家人也有可能是母娘的其他器官，是這樣嗎？

引導老師：是的。所以你就會被逼到必須一定要圓滿，如果不走五倫關係，請問你怎麼會圓滿？你怎麼會願意心甘情願去付出，然後來達成我們看到今天這個元神？他必須要學習什麼叫做「合作」。

青萍：對，有很重要的功課就是要學會「合作」。

引導老師：當我們看元神的故事，你看到他的故事之外，你要連結他為什麼會和我們的功課有關係，而這個功課，除了元神的功課，還有五倫關係的圓滿；然而五倫關係是否圓滿和不斷的輪迴有關。換更直白的話就是，如果你不想不斷的輪迴而脫離涅槃，必須要五倫關係圓滿。圓滿是滿足而放下，是你感恩我，我感謝你。

第一世

青萍自述

我看到的第一世是官府的千金小姐，常常與丫鬟走在街上。我是大女兒，還有兩個妹妹，家在南方。這個小姐常常出門，喜歡去廟裡拜拜、上香，尤其是家附近的廟，常去求平安、求健康，捐些香油錢，也會給乞丐們一些錢。

後來父親將她許配給官場上一個朋友的兒子，對方住在比較遠的北方。當時南方比較富庶，遠一點的北方，較不顯富庶。對方有三個兒子，雙方父親在聊天言談間訂下這姻緣，一部分也是為了維繫官場上的關係。我就依父母之命嫁了過去。這大兒子是個十足的大男人，可能因為必須承擔家業，很嚴肅也很少笑；夫妻間的相處很制式，就是很禮數、很客氣的互動，不是太親密。這個小姐反而和家裡的兩位小叔相處得比較開心。兩位小叔講話很風趣，像弟弟一般，也與她年紀較相仿，常常和兩位小叔開心地聊天說事。

她陸續生了兩個兒子。生孩子後，她比較開心了，因為照顧小孩不像與老公相處那樣的制式與禮貌制約，也就是有了孩子後她比較開心。

與小姐同年紀的最小的小叔很喜歡找她聊天，小叔常會說笑逗大嫂開心，這小姐的心裡漸漸地有了意念，開始有了比較心，比較自己的先生與小叔之間存有什麼不同。小叔常會逗她開心、逗她笑，先生則是常板著一張木臉，甚不討喜，因為有了這樣的比較，在她心裡，開始起了分別心。

有一次，小叔喝醉了，藉著酒意壯膽去找大嫂訴情衷，其實小叔的內心很喜歡大嫂。那天大哥恰巧不在家，加上長期以來的相處情意，叔嫂倆便在那晚發生了親密關係，之後又不只一次的相會，大嫂因此懷孕了；但是他倆不能將此事公開，只好假裝沒事，將這孩子當成是大哥的骨肉。然而小叔甚是痛苦，於是離家了好一段時間，當他再回來時，一看到自己的女兒幾乎就崩潰了。小叔向公婆全盤說出實情，甚至請父母親成全他倆在一起；當然這是不可能的，叔嫂亂倫是十分嚴重的家醜，怎能公開呢？父母親於是快速地給小叔找了一門親事，以掩蓋此事，不讓這件事傳到外面去。

不過，自此之後，這大兒子，也就是小姐的先生，受到極大的打擊，夫妻兩人的關係越來越差，先生後來更是常常流連在外面的煙花樓。這小叔雖然成了親，娶了妻，但他對感情已經失去熱情，所以他的婚姻關係也不太圓滿；而小姐面對這情形也就陷入嚴重的自責，於是將所有的重心都放在孩子身上。公婆對於孩子們發生這些事情也是很無奈的。

第一世影響我的部分就是我**在感情上是會有分別心**的，也**會貪自己想要的感情方式**；認為我想要的疼愛、我想要的相處模式才是真正的感情；不容易放掉這種我想要的感情方式的貪念。

老師引導青萍

引導老師：在事情被揭發之後，你的相公就流連煙花樓，小叔也娶了他不喜歡的女孩，而你獨自帶著三個孩子在公婆家裡，你那時的心情和感受是什麼？

青萍：其實很懊悔這整件事情的發生，但是，就做錯了，就發生了。

引導老師：公婆有對妳懲處或另眼相看嗎？你如何去承受那種異樣的感

受？

青萍：沒有耶！公婆沒有任何處置，因為事實上這位小姐也是有背景的，對公婆來講也不敢張揚，就吞了下去。

引導老師：其實，除去這件事，你也是個很好的女子，他們看在你為府裡生了三個孫輩的分上，他們的包容力是很好的。

青萍：其實我認為不是這小姐有多好，而是公婆的包容力真的很好。以這世的我來想這整件事情，我覺得她或許在媳婦的角色上並沒有做得多好，與我的現狀很相合。我的公婆一直以來都很縱容我，他們覺得經濟獨立的女人就是這樣，時代不一樣了，所以也說不了什麼話；公婆一直都是如此看待我們這些孩子。其實，我會有很深的感恩，能夠遇到這些長輩。我覺得比較嚴重的問題是在感情上的比較心；因為一直以來，我都有一些很好的朋友，在往來過程中，會不自覺地比較，我先生為我做了什麼，別人的先生做了什麼，會有這樣的比較心出現；一直到開始學習道理，慢慢地把自己的比較心拉出來，才發現有時感情上的不滿意是因為自己自以為是的想法或是要求，自我的標準訂得很高並看他人有無做到那個程度。事實是那都是我自己訂的標準，標準訂的很高，我的先生必須做到每個標準才是愛我；可是對他來講，他疼愛你的方式有他的做法，並不是我訂的那些各項標準，所以，在學習道理幾年後，我慢慢希望自己能提高對婚姻的滿意度，同時也把自己的標準往下調，希望這樣的調整，能把貪念降低，因為既然是貪念，標準低了，貪念就低了，滿意度就會提高了。

所以我在調這第一世故事最大的感受就是還好有學道理，還好有透過這樣的過程看到自己的問題；不然就會看完這整段故事，依然存有不知道自己有問題的心態。

引導老師：我們在八方學習其實就是在用道理看自己的內心，你剛剛說得很好，說到你內心最深層的一個點，就是不管你看人或看事。第一世你遇到這樣的老公，其實他可能外表、言談、或感覺，可能不是你喜歡的那一型，但這也反應到了你因為太有自信，所以很武斷地去看這個人。你有挖到自己內心的深層部分，不管是對感情或是處事方式都好，你都有看到，就是因為過於自信而偏向了自己的感受；也就是說，隱藏了因為極強的好勝心，對方必須要達到我的標準，因為過於完美，所以希望對方也如同我一樣地完美。其實師父說，圓融是你最好的辦法；也就是說你現在正在走這個，對於夫妻之道、五倫關係、共同關係，**要做到圓融**部分，做得很好。

青萍：對。

引導老師：說實在的，如果脫離八方的道理，我們會很容易走回自己堅持的那一個部分、那個點。就像你說的，證明真的是還好有八方的道理讓你看到自己所謂的不足，或是可以調整的地方。

青萍：對，而且我發現一直以來就對先生有很多的標準，常思索那些標準是我自己想出來的還是有道理的呢？其實大部分是我自己想出來的，有一小部分是我認為他應該要這樣子做的；雖然表面上看來是以道理為基礎，但他的想法或做法真的不對嗎？好像也沒那麼嚴重，我卻會因為他做不到而不高興，且覺得這樣子不行，他會影響到孩子們的學習等等，於是我覺得他應該要改變。後來我發現，小孩好像也沒有受到他很大的影響，我自以為是地認為他沒有做好自己會影響到小孩，這是我自己想出來的；因此，我開始對他多些包容和理解，相對的，他也感受到一些溫暖，之後有些事情就比較能夠溝通了。

引導老師：但是，在你第一世的結局，你的心並沒有真正地臣服，並未因為經過那段情愫的過程而心悅誠服地對待你的先生，你依然惦記著那位小叔；因為得不到的愛情確實是最美的。在你心中也是這樣，那麼，你要的身邊的人也是一樣，希望能陪你談情，說愛啊！也就是能夠了解你心中所想的人。

青萍：我就是到現在都還是這樣。若今天沒有學習道理，我根本做不了現在做的事，根本沒辦法坐在這屋子裡上這堂課，那是不可能的。所以，對我來講就是還好我有學道理，不然，我到現在都還是這樣。我若是沒學道理，我會覺得這身旁的人不是我要的，就是說我們兩個人沒有辦法一起過我想要的餘生，我根本就會掉頭就走，不會回來。我今天回來這個家，就是師父叫我回來的，不然，我不是一個做事會後悔的人，我說離婚就離婚了，怎麼可能再回來，那是不可能的事。我認為現在調了第一世是這樣，有點懷疑第二世、第三世都是這樣，因為我這一世還是這樣。

引導老師：到目前為止，我怎麼覺得你好像在講別人的故事，跟自己一點關係也沒有。

青萍：我覺得我必須持著跟我沒關係的態度，我才有辦法把故事講清楚。

引導老師：好。這就是你的點，懂嗎？你覺得這件事好像跟你沒關係，其實究竟是如何呢？

青萍：應該是兩件事情。就是調故事的時候，我必須把自己變成沒關係的人。

引導老師：但你講故事的時候，也是一樣，你有注意到嗎？你用的是第三人稱。

青萍：但是，我比較希望自己是跳出角色來看這個故事的，看她到底做了什麼事情？

引導老師：青萍，沒關係，這只是提醒你，我們都是通靈老師，如果有一天，你必須去審視自己的問題時，不是叫你去陷入這個故事裡面，而是你要能去感受。你現在是走在道理的階段，從剛剛的對話裡，我看到幾個問題，我也跟師父驗證過了。第一是你說回到現在這個家庭，你很感恩長輩及公公婆婆們的包容，及相處的模式讓你很好做；其實你有沒有看到，你們彼此之間都在承受一個看不到的壓力，也包含你喔！你們一起在承受，就是會保持距離，以免各自踩到線的壓力。

青萍：意思是？

引導老師：那個距離就會一直保持著，彼此之間的關係就不會近。

青萍：其實我有和老師討論過這個問題耶！我看大嫂和公婆們的相處，與我和公婆之間的相處，她就是可以什麼話都說，我發現婆婆很買單，也會與她對話。

引導老師：對，你做得不夠放得開。

青萍：是，我就是比較禮貌。

引導老師：就是你們之間都有壓力。他們不會跟你說，也或許他們自己都沒有發現，就是**與你相處在一起會有壓力**。

青萍：其實我覺得很多人與我相處都會有壓力，就是我一直都會有一個標準，或是有一個要求；其實我也不覺得我是多好相處的人。

引導老師：那你為什麼會有那些標準？

青萍：老師曾告訴我，第一是每個人都有他的特質，我就是這樣，就算客戶再怎麼對我好，我再怎麼謝謝他，我還是會保持一個距離，不會太親近。第二是老師說，我不需要太罣礙這件事情，有時候這些關係存有一些距離也比較好。

引導老師：所以關係就永遠這樣下去不變嗎？你對客戶可以這樣，因為那是客戶；你對朋友可以這樣，因為朋友有分。

青萍：我目前可以做到的就是和我的公公婆婆聊天，就像對客戶那樣聊天。

引導老師：不行，因為他們是親人。你要把他們當成家人，試著去相處。當然不可能馬上做到，但是你必須要把自己的障礙放掉，其實你自己有障礙，你也有壓力啊！

青萍：我覺得對長輩，不管是說或者做，都必須有一個禮數在。

引導老師：對，有禮貌但是不能說不可親。你看到你的第一世，你的先生板著那個臉，你要的是什麼？

青萍：我要的是笑容吧！

引導老師：對呀！那你自己的笑容呢？其實我們與長輩相處，不要認為他們怎麼樣，他們的生活體驗和感覺比我們還多，有些人他不用學道理，他的感覺很多耶，你懂嗎？他們會覺得與你是有距離的相處，我們往正面想，為你好為我好，大家有距離的相處，井水不犯河水，相敬如賓，僅止於禮，表面上覺得可以接受，很好啊！但就另一面來說，那就不是家人的感覺，不夠溫暖，沒有溫度在呀！你聽懂了嗎？

青萍：嗯，好吧，我試試看好了！

引導老師：當然你不是像大嫂那樣的個性，但我告訴你，個性是可以改變的，看你要不要做而已！你會發現，做這樣的青萍也不錯啊，為什麼青萍一定要那樣呢？

青萍：我可以問一件事嗎？在我身邊的人，有哪一個關係是我做的比較親密的？是我可以揣摩的。我不是想要比較，只是想要知道我的公公婆婆他們還想要什麼？

引導老師：他們沒有想要，他們是聰明人，懂嗎？他們是聰明人，絕對不會去找麻煩，是你要不要去改變而已，不是他們要不要，你給他們，他們什麼都要；但是你不給，他們也不會跟你要，並不是表示他們不跟你要，就是他們不需要。就像你講的，有了，幸福感增加，沒有，他們會自己療癒自己，無所謂。這不是要不要的問題，而是有更好。這樣聽懂嗎？

還有，你剛講到一個問題，你說先生應該要做到怎樣，怎樣的標準才叫做愛你，那是自我中心的想法。你前面講的很好，可是後面這句話我必須要糾正你。你說「所以我把標準降很低」，我知道這是你的形容方式，但話不要這樣講。

青萍：沒有啦！不是這樣啦！就是我不要去訂一些無謂的標準來看他。

引導老師：對。因為他就是你先生，你自己選擇這樣的對象就必須接受他的方式，理解他，然後你才會知道他對你的付出是什麼，而不是因為他沒有對到你的頻道，你就認為這些都不是，全被你否定掉了。

我建議你，不是把標準降低，而是**把標準拿掉**。如果你說「把標準降低」，我是一個男人，誰降低標準啊？我也在忍受，不是嗎？但是，講到忍受，這個感覺就很差了，是吧！

所以，話不要這麼說。我就是提醒你，不要有什麼標準不標準的。標準不標準，不代表幸福，就是要學會去接受；去接受、認識他會是一個什麼樣的表達互動的方式？你們當初沒有相愛嗎？有啊！你們為什麼會選擇在一起，因為彼此感覺很好啊！不是嗎？那為什麼在一起時，就開始訂那些條條框框，把對方支離破解，然後去算他的分數，去做分析，誰的感情經得起這樣啊？你用化學、用物理方式去分析，誰的感情經得起這樣啊？沒有人的感情經得起這樣的折磨。因為每一個人都有情緒，情緒來的時候，並不表示不愛你，你要知道他的表達方式是什麼，知道他的問題點，知道他的情緒在幹什麼，你當然知道他在發脾氣，但他發脾氣的情緒是為什麼？他今天不高興，不高興是為什麼？這個才是重點，而不是他在不高興。有很多人都在表面上打轉，就像你剛才講的，你從第一世看到好像好幾世都這樣，對！師父為什麼要你回到這個家？就是要告訴你，你不要覺得委屈了，你不要再堅持做自己原先想要的，一定要那樣，你可以更多元，給你這樣的條件，讓你回去做；你如果堅持不做，下一世的條件，不見得會那麼好了，所以師父叫你回去。其實，你會看到有太多人要做這個，還要擔心經濟，要做那個，還要擔心病痛，沒有耶，你都沒有耶！

所以師父為什麼叫你回去，因為好做啊！就看你要不要拿下那個面子，懂不懂得什麼叫「低頭」，不是認輸喔，是**懂不懂得「低頭」**。就像前面說的，什麼叫「圓融」？如果你**懂得圓融**，那樣的聊天更**有溫度**。

青萍：但我真的覺得我有進步耶！

引導老師：你當然有進步啊，但我們今天不是來探討你有沒有進步，而是你還可以更好。因為你已經在做了，就像你已經會彈鋼琴的基本指法，但是我希望你將來都能把古典鋼琴彈得很棒，是不是這樣？而不是永遠都在彈基本的指法，可以彈出完美的曲調，還可以詮釋出曲子的情感，是不是這樣？

青萍：嗯，我明白。

引導老師：其實大家會看到，從開始講「元神故事」的每一位志工老師，每一個人都有所糾結，為什麼糾結？因為看到深層的自己本來就是一件很有壓力的事情，因為要面對真實的自己，真的要有勇氣，但是我覺得，我們大家一起來練習這個勇氣。我看到自己也會不開心，也會不舒服，也會拗著，然後會想為什麼要這樣？為什麼就不能那樣？我有做錯什麼事嗎？當然，每個人都會這樣想，看到真實的自己的時候，要去接受；如果是好的，當然可以呀，如果是一個缺陷或者是不完美的地方，需要改變的地方，我們常常就會用好壞來說，會用對錯來說；其實把這二元化的思想拿掉，只是讓自己知道，原來我還有這個地方可以改進，也許我其他的地方都不錯，這個不足的地方並不是缺陷，是可以拉起來的，讓這個圓滿可以再大一點，因為我們**終究是要做傳承**的。

我曾經在「前世今生」座談會場上，看到一個訪客，他聽得非常入迷，也覺得自己有這樣的問題，他覺得老師們都講對了，都講到了他的核心點，然後越講到後來，他就說：「夠了，夠了，不要再講了。」他站起來跟那位老師說：「謝謝你！再見！」然後掉頭就跑走了。我親眼見到發生這樣的事情。他其實聽得很認真，還掉眼淚，然後就拿著包包，飛奔而去。為什麼？因為其實訪客有自己的問題，但是，老師們學到的是什麼呢？

我們可以告訴一個人：「你可以用你的聰明才智去提升自己的學歷，學到這些東西可以去發展你的事業，可以創造不同的自己，你有這樣的能力的，我相信你可以做到」。可是有些人說：「我不要啊！」，雖然學歷很好，可能是EMBA，可能是留美的財經碩博士，可是，我不要啊！我不要坐在華爾街浪費我的生命啊！我寧可輕鬆自在地大口喝著啤酒，大口吃著烤肉，然後呢？我的工作要開卡車，在美國的道路上縱橫馳騁來回。這是每個人的選擇，你不能說他錯啊！對不對？有些人會說，你叫我過他那種生活，我做不到啊！我就覺得我的錢要掙足，我要有面子，這也沒錯啊！所以你不可以要求每個人去做和你同樣的人，這樣就會很難過。我們看那些開卡車的人，他樂在他的生活，他有他的專業，他也很有道德，或許他學歷不高，他也是善良的啊！他只是長得很粗獷，對不對？說不定他還會為了正義挺身而出；至少他不是道貌岸然的小人、偽君子。但有些人就是汲汲營營於名利，壓榨別人，或自認聰明地在那邊鑽巧，都有啊！可是在工作職場上希望能有所成就，希望可以造福更多人的也有啊！每個人的人生，每個人的面向，都是自己選擇的，但是千萬不要不開心，會很痛苦；也就是說，我們每個人都不要勉強自己，所謂不要勉強就是不要強迫自己一定要怎樣。當強迫不要有標準的時候，他又變成另外一個強迫了。要學會自然接受，打開自己的寬度，增加自己的面向。我只是要提醒你這個，你可以做到的。

只是眼珠子與耳朵不一樣，耳朵喜歡聽美好的聲音，眼珠子喜歡看美好的，符合你標準的事物，所以很多東西都要符合你的心，你看到才算數；當這個眼珠子看到的又是「非」，而不是看「是」的時候，就會用挑剔的眼光，這是你獨到的地方。但你與耳朵不同，耳朵是用聽的，嘴巴是用品嚐的，皮膚是用感觸的；你是眼睛，是用來挑剔的，你要的是完美。你看到自己的問題了嗎？每個元神的出處，只是來告訴我們一個屬性，姑且就把它當作一個符號、類別而已。

你很會安慰自己也會安慰別人，所以容易受傷，你的功課就是**學會更加包容，要懂得修復自己**。我們講那麼多，其實你都知道自己的問題在哪了，就是放下多一點。我們到了這個年紀，應該不要去在意，抓那個虛的東西，你懂嗎？懂你的自然知道，不懂你的人他無所謂，所以你要珍惜的是你要讓他懂的人。

紅塵說

其實，是與非，若未至蓋棺論定，誰能說何「是」何「非」，更何況還有大是與大非；在是與非之間，依然存在著寬廣的灰色地帶；這一片灰色地帶尚有著無數的可能，可能變「是」，也可能變「非」。這個元神故事讓我們看到「佛魔一線間」的那一線，也不過就是一個念頭的轉瞬之間；如何守好自己的心，時刻走在天道之上，就當成是要琢磨的功課吧！

在現實生活裡，青萍接受師父的安排，做了非常大的改變，回到婚姻中，回到家庭裡，做好媳婦、妻子與母親的角色，努力地完成齊家的功課。讓家庭的成員們各安其位，各得其所，家庭和樂圓滿。

金剛經說

金剛經十四品提到「所以者何？我相，即是非相；人相、眾生相、壽者相，即是非相。何以故？離一切諸相，則名諸佛。」

為什麼呢？因為這四相本就不是真實，如果能遠離這些虛妄分別的幻相，那麼，就不會有我、人、眾生、壽者這四相的執著。為什麼呢？因為能遠離一切虛妄之相的人，就與佛無異，而可以稱之為佛了。

我相、人相、眾生相、壽者相，這四相含括了在紅塵中我們所遭遇到的一切。面對事情時，我自己怎麼想，五倫關係中對應的角色如何看我，眾人怎麼想我，未來我會怎麼樣，這許多的想法、看法和感覺，大多是自己生出來的，未必都如實存在。然而，人際關係如此複雜，感覺如此多變，交織成各式各樣的為難與糾結，進一步演變成紅塵關難過。事實上，這些都是虛妄，都是幻相而已。當你明白之後，能捨棄這些虛幻，依循著道理而行，也就是走在成佛之路了。

昭彬老師說

紅塵，其實只是考場，並不是我們永久居留的地方；而所有的感覺都只是肉身才有、紅塵才有的；且感覺既是來障礙我們，也是來成就我們的；所謂「相對的雙方一定共同存在」，地球這個考場，考的就是如何在二元對立裡找到平衡。對青萍來說，這世你擁有的紅塵條件相對而言是不錯的，然而，一念成佛，一念成魔；佛魔如此相近，你的使命如此重要，能不慎乎？至於「貪」，會是你很重要的功課。師父說的，貪要貪得剛剛好。那麼，你得清楚知道自己要什麼？要的是不是你該要的；你必須在「圓滿」的定義裡，知道「得」與「失」的太極解；也就是如何找到平衡，學會更加包容他人並懂得修復自己，找到自己與他人之間的平衡，也找到內在身心靈的平衡。

（五）玉皇大帝的屁

元神出處

馨香題詩

玉帝肚裡數千年　眾仙膜拜了不起　不願續待困愁城　氣衝暗室出頭天
不知出來眾人嫌　無法平衡下凡間　歷經輪迴心不平　不知如何可回天

我的元神出處是玉皇大帝的一個屁，是一個臭屁。

我在玉帝的肚子待了很多年。由於眾仙時常膜拜玉帝，在玉帝肚子裡的我自以為是地感到了不起；但是玉帝的肚子裡全是黑的，一眼望去都是陰暗的，我不願意被困在這裡，我想出去看看，於是在玉帝的肚子內衝撞，一心想著如何能衝出去。

題詩當時真覺得好笑，我居然是玉帝的臭屁。在玉帝的肚子裡撞來撞去，因為不願意困在裡面，裡面很黑，我想出去看看。後來，終於衝出來了，卻因為臭氣熏天而被嫌棄，我心想為什麼會被人嫌呢？我的內心無法平衡；由於是氣體，是衝出來的，所以我便順勢衝下凡間。

伏案題詩之際，我頓時感受到自己在歷經輪迴的過程中，內心十分矛盾；而在現實生活中，有時我會心生驕傲，覺得自己的面子很大；有時我又感到自卑，聽聞旁人議論之時，未必是我的錯，我依然會對號入座而先自省，認為那個錯誤與我有關。也就是說，其實我的骨子裡依舊是不平衡的狀態。在歷經輪迴的過程中，我的內心始終難以平衡，找不到方法，也不知道該如何做才能回天去⋯。以上是我感應元神出處的題詩。

老師引導馨香

引導老師：你剛剛說完全不知道如何回天，現在知道如何可回天了嗎？

馨香：我只知道現在要跟師父學習，可是如何可以回去，我不知道；因為我是自己衝出來的，我覺得就是一個調皮的小孩，自己逃離家了，現在不知道該怎麼回家？低頭，承認我錯了嗎？

引導老師：首先你要知道，你是未獲令牌就下來的，也就是說沒有人要你下來，你就自己下來了。為甚麼沒人要你下來而你卻下來了，因為你覺得：「你們都是豬啊！怎麼一天到晚求玉帝，一天到晚說東道西，又甚麼事也做不了。我在玉帝的肚子裡都懂了，你們還不懂嗎？你們真是豬啊！」你覺得大家都很笨。

馨香：對，我就覺得……。

引導老師：「每個人都來向玉帝請示，問東問西的，請問玉帝天規怎麼走，運勢怎麼走，生命又是怎麼走，規矩怎麼訂，如何處理人間的問題？你們是豬嗎？我光聽都聽煩了。你們是豬嗎？你們這些豬頭怎麼都不會呢？我在玉帝的肚裡都能明白了，難道你們都不會嗎？你們這些笨蛋。」那麼玉帝的肚子裡怎麼會有這麼多的氣，不只你，還有很多氣，這是何原因呢？當我們卡到陰時，咳出來的都是氣；你就是玉帝去幫別人承擔所有的怨。所有的不平，都會在玉帝或承擔者的肚子先待著，透過仙佛的氣場幫你們運作改造後，要嘛消化，要嘛出來。你也是怨氣，你是玉帝的怨氣，幫眾神仙擋的怨氣，在玉帝的肚子出不來；因為**你是怨氣，你做甚麼都抱怨，做甚麼事情都瞧不起別人**。況且你是趁著玉帝舒緩之際衝出來的，所以沒有令牌，當然回不去；不過，雖說是衝出來的，你還是得回去；因為佛經說，所有的靈體，你只要想要成佛都可以回去。該怎麼做？馨香，所有的人要回去，該怎麼做？所有的靈魂都必須做好甚麼才能回去？

馨香：五倫關係。

引導老師：對呀，你先回頭看看你的五倫關係足還是不足？

馨香：不足。而且已經很多都沒辦法再做了。

引導老師：好，那你先回頭想一下，這些五倫關係不足沒有關係，因為有些關係是沒辦法再做了，但是未來你想做嗎？

馨香：害怕。

引導老師：對呀，你根本就沒有學習，只是抱怨。雖然你已在八方學習，明白怎樣可以回天及如何做好自己；但是你依然沒有改掉元神的氣，就是抱怨，不開心。這樣你聽懂嗎？

馨香：懂。

引導老師：這就是你元神的過程。所以你的元神就是一個怨，就是那個卡陰。你聽懂我說的那個卡陰是甚麼意思嗎？

馨香：不懂。

引導老師：我們有位志工小玉曾分享過，每次他卡陰或調氣時，調氣結束後不是都會打嗝、會嘔吐嗎？

馨香：對。

引導老師：他為甚麼會吐，為甚麼會吐氣出來？因為他的身體無法消化靈界的怨氣，所以透過五行定位調氣或者由老師幫忙解決卡陰時，他會嗝氣出來；有時候他也會去廁所放屁或排泄，你記得嗎？我們在處理卡陰時都會碰到這種狀況，你聽懂嗎？

馨香：我懂老師說的。如果是這樣，那我懂卡陰的意思。

引導老師：再往前推，為甚麼會卡陰，就是因為神仙要渡化別人，會把這些陰的、不聽話的靈先收在哪裡？當然是先鎖在祂的肚子裡，或收到法器裡，明白嗎？

馨香：明白。

引導老師：那麼請問，玉帝把這些神仙抱怨的，向祂投訴的，解決不了的，都鎖在哪裡呢？鎖在肚子裡，鎖在玉帝自己的肚子裡。所以，雖然聽起來好難聽，你是一個屁，是一個卡陰，但也是玉帝的一個渡人的方法；是一個法器。

馨香：是。

引導老師：但你的想法是我不要渡人呀，我要有頭有臉呀，為甚麼我要在肚子裡渡人呀，為甚麼不能出來有頭有臉呢？想著想著一生氣，你就私自衝下凡了。

馨香：是。

引導老師：結果你在玉帝肚子裡，說是屁也好，說是法器也好，說是在渡化眾生也好，收神仙的怨氣的氣場都好，其實你並沒有把角色做好。所以，馨香，回過頭來看，所有表現在性格上的本質都存在，法器也好，屁也好，完全看到你的問題：**一是好面子，要有頭有臉；二是不服任何人，我一定做得比你好，別人都錯只有我對。**對嗎？

馨香：以前的我絕大多數時候的確是如此。

引導老師：對呀，那是元神的部分，當然在八方上課過後，我們一直強調反省，你也修正很多了。

馨香：但我還是很矛盾的。

引導老師：還有，在衝出來的一剎那，氣其實是不受約束的，所以你也**不受約束**。

馨香：對，我不喜歡被約束。

引導老師：好，我們看到這三點。針對這三點，你**要怎麼改變？低頭，接受約束；認錯，不要好面子；角色做好，接受人家的抱怨，要臣服於他人，看到人家的優點。**馨香，聽懂嗎？

馨香：懂了。那題詩裡有一句「不知出來眾人嫌」，到底是被眾人嫌棄甚麼呢？對我的性格會造成甚麼影響？

引導老師：因為你是屁嘛，其實衝出來的就是怨氣呀！就是剛剛講的，有時我們在解因果遇到解決不了又必須渡化的情形，就會把它放在肚子裡去，這是本能；也是所有的天上的靈都有的本質。我們也習慣把怨氣收到肚子裡，不管是人也好，老天爺也好，或者是天上靈都有這樣的本質。一方面要讓靈學習等待與冷靜；另一方面希望以身作則來渡化它。**以身作則渡化，這是天規**，所以說，以身作則可以渡化，這與做天道因果站兩旁是一樣的意思。你能當天上的靈，你能當神仙，肯定有些東西是超於凡人的，有些神仙共修必須收這些所謂的怨氣，那麼這是在神仙相對於眾人的部分；然而玉皇大帝是所有神仙之主，這個部分往上到祂這層級時，同樣的也是不斷聽神仙抱怨，再放進自己的肚子裡。所以肚子裡的髒東西，須透過玉皇大帝本身的修為渡化；渡化好就是融合，渡化不了變成氣嗝出來，或變成屁給放出來，這些是你看到的表象。但是，實際上所有的神仙、所有的佛祖，本身的身體就是一個渡化他人的法器，馨香，你也就是玉帝身體的法器，而對你的影響就是有很多的怨氣。**你收人家的怨氣，但沒有化解完就出來了**。你聽懂嗎？再說，你**也不讓別人批評的**，不讓任何人說的，任何人都不能說你。除非一種人，但你並不是接受哦，你不是聽話而是什麼呢？從兩個方面來說，一是讓你服氣的人，你可以接受，所謂的接受是不回嘴；另一是說你的人的靈體比玉帝大，這個人的元神靈體比玉帝大，就是天上靈，你會學習閉嘴，否則你一定有聲音，有意見。我這樣回答你明白嗎？換句話說，馨香，在八方學習，你是接受我們八方的道理，也看到我們在做佛祖的事而非神仙的事；如果我們都在做神仙的事，一天到晚就是術法來術法去的話，你未必會理會；就因為我們在做佛祖的事，所以你可以接受也不會有太多的意見。同時，如果工作平台非你認同的平台，你的意見一定相當多。基於這點，我推斷你過去工作職場的**人緣一定不太好**。

馨香：對，人緣很不好。

引導老師：那是因為你**看誰都看不起**。你身邊相處的靈體可能不是佛祖、不是神仙，你是不會甩的，除非是玉皇大帝。所以大部分來紅塵轉世投胎的，比如精靈，基本上你是完全不理會，因此你的人緣不會太好；同學也好，同事也好，對你來講他們就是一個屁；就是你自己是屁，還嫌人家是屁。在志工老師培訓班的課程裡，因為沒有什麼好隱藏及隱瞞的，我們說話會比較直接，可能有些話不是好聽話；但都是為了讓大家認識自己，能夠好好面對自己，希望馨香不會往心裡去。

這是元神出處的故事，這樣的過程會造就你現在絕大多數的性格本質。看到元神出處造成的性格與原因之後，回頭再去看你的第一世，你就會知道這樣的元神特質，在第一世應學習的是甚麼？通常我們的第一世要學習的角色都會與你累世的人生功課有關。那麼我們來看你轉世的第一世！

第一世

馨香題詩

怒氣沖沖下凡間　投胎自覺高一等　讀書考試事不成　屢戰屢敗信心無
父母離世沒人理　自暴自棄成乞兒　但又不願低頭求　冷餓交迫百病生
孤寂破廟獨一人　自怨自艾願難成　抬頭問天天不應　無親無家無朋友
做人處事沒方法　自生至死只一人　莫名其妙來投胎　糊裡糊塗走一生

我從玉帝的肚子裡怒氣沖沖地衝下凡間，投胎至凡間時，我仍自覺高人一等；因為我出自於玉帝，自認有一個不錯的頭腦，於是選擇讀書以考取功名。誰知偏偏未能如願，讀書考試無法功成名就；但是我仍認為得在這裡得到我的功名，屢戰屢敗，屢敗屢戰，以致自信全無，於是開始自我封閉。

父母親離世之後，根本沒有人理我；其實我也不想理人。我就開始一直躲，自暴自棄，看似如乞丐一般；但其實不是，我根本不願意低頭去向別人乞求，以致最後冷餓交迫，百病叢生，只能獨自一人孤身躲在破廟裡；此時我的內心仍在抱怨，為何懷才不遇，為何一無所有，沒有得到可以得到的？在臨死前的那一刻，我抬頭問天，老天爺當然不會應我。我沒有親人、沒有家、沒有朋友⋯。就做人處世來説，我其實是沒有方法的，雖然有父母親，但總感到自生至死就是孤身一人。從玉帝的肚子衝下凡間，我覺得是莫名其妙來投胎的；在那一世也是糊裡糊塗地走完一生，不知為什麼而生，為什麼而死，也不知到底在做甚麼？總之，那一世就是一事無成。

老師引導馨香

引導老師：你不是要有頭有臉嗎？

馨香：我是呀，我去考試，可是考不成。

引導老師：你從一個氣變成一個有頭有臉的肉身，難道不是你要的嗎？

馨香：是呀！

引導老師：那怎麼會覺得自己是莫名其妙來投胎呢？你是想要有頭有臉才來投胎的呀！

馨香：我是調皮搗蛋從玉帝的肚子跑出來的，我也不曉得我跑出來就可以投胎了。

引導老師：你不是調皮搗蛋下來的，你看自己寫的第一句話是「怒氣沖沖下凡間」。

馨香：對，我的怒氣沖沖是因為從玉帝的肚子衝出來時被大家嫌棄，我就覺得為甚麼在玉帝的肚子裡面，與在肚子外面是不一樣的？為甚麼別人要嫌棄我？所以我才會覺得在天上待不下去了。

引導老師：不是的，怒氣沖沖在先，被嫌棄在後。你是玉帝渡化別人的法器之一，因為那是屁，那是氣場，不是肉身。你是為了要有頭有臉，而且你沒有領令牌，自己衝下來的。

馨香：其實我感應到的是我不要被困在玉帝的肚子裡，不要困在黑暗狹小的空間裡面。

引導老師：對，就是你想要出來，對嗎？

馨香：對，我想要出來，但我所感應的並沒有想要有頭有臉。所以，原來在我衝下凡間投胎的過程，我想要考功名就是想要有頭有臉嗎？

引導老師：是的。轉世的第一世是與累世的人生功課有關，也與直到現在這一世你的肉身在做的功課及還在做甚麼功課有關，你懂這個意思嗎？

馨香：我感應到的只是要證明我的存在。

引導老師：是，但是當功名考不上，每次考試落榜時，你有做什麼樣的努力嗎？

馨香：就是再去念書、再去考試。

引導老師：還是用同樣的方法？

馨香：對，就是念書考試。所以最後我才會說我沒有方法，在那個當下我只是一再地參加考試。

引導老師：請問在你讀書和考試的時候，是誰支應你所有的開支？在古時候，讀書是一個花費非常巨大的事情。

馨香：父母。

引導老師：對，是父母，所以說他們是愛你的。

馨香：對。

引導老師：但是你不覺得，你這裡說的都是自己一個人。這裡頭除了你自己說的**沒方法**之外，你也是**很驕傲**的。

馨香：算是。

引導老師：所以你也沒有把父母對你的愛放在一個比例重的地方，也沒有感受到父母的愛；你的感受全部都是考試考不上，為甚麼考不上，怎麼會考不上？我明明就不應該受到這樣的待遇，我明明就是很會讀書的人，我明明就是怎樣怎樣⋯。你依然還是怨，還是**沒有看到你所擁有的，而只看到你所沒有的**。

馨香：對，在那一世是。

引導老師：因為如此，到最後你才會說「自生至死只一人，莫名其妙來投胎，糊裡糊塗走一生」。換句話說，**應該要感受到在紅塵裡的所有東西，你通通都沒有收到**；你依然像元神的本質一樣，依著自己的性子橫衝直撞，依著自己的性子抱怨，對嗎？

馨香：對。

引導老師：那麼，你知道你的元神功課了嗎？

馨香：就是老師剛剛說的，以我元神的引導與轉世第一世的題詩，兩相對照的話，我應該要低頭，**要接受約束**，要去感受身邊周遭的人對於我的恩惠，**要懂得感恩**；我現在收到的就是這些，而在轉世的第一世我是感受不到這些的。

引導老師：在轉世的第一世是誰都沒有收到，我也沒有收到；所以我們現在來看元神出處的故事跟轉世的第一世，是要讓我們**更清楚的認識自己**。我想要問的是，你現在知道自己元神的出處與由來及過程，你也知道自己的第一世，你收到的這些，你是真正的收到了嗎？還是就只是「喔！就是老師這樣說。」

馨香：我有聽到，但說實在話，如果您現在問我：「你知道要做甚麼嗎？」除了剛剛老師說的，譬如要接受約束，要懂得低頭，不要好面子，這些我能夠一再地反省，要求自己做之外，我其實還是感到茫然的；也就是說，我不是全然的瞭解。

引導老師：哪裡不瞭解？

馨香：譬如說，我的元神或在轉世的第一世，我會抱怨；那我現在學習碰到事情不要抱怨，盡量看別人的優點，不要盡找缺點來看或抱怨，我可以從這些相呼應的地方去改進。但是老師所說轉世的第一世與這一世肉身的功課通常有著極大的關聯，我現在也常會有只有一個人的感覺，自己一人那種孤苦無依的感覺。這種感覺常令我不開心，想要落淚……。

引導老師：那是因為在玉帝肚子的時候，你覺得只有自己一個人，因為你看不到別人；在那個黑暗的過程你也看不到別人。而且你投胎轉世之後，又因為自視甚高，所以也看不到別人；你看不到父母對你的愛，也看不到父母對你的付出，你感受到的一直都是只有你一個人。**綜其因就是你看不到別人**，你就以為沒有別人，但是真的沒有別人嗎？在第一世的故事裡，為甚麼會提醒你考試，提醒你是一直不斷的在讀書、考試，全是因為有父母的支援；那是**要你仔細去看第一世的故事，從第一世的故事中找出你元神的功課**。現在回過頭來看，第一世的故事從投胎，父母對你百般寵愛及賦予重責大任的期望，之後你又覺得不斷在考試的成長過程中，其實你做出這些事情，在某種程度上除了你的自視甚高外，全都是為了父母而做；所以你覺得父母為你做這些也是應該的，以至於少了那種對父母感恩與回饋。說穿了，你始終看不到別人，只有看到自己；因為你覺得自己一直都在為別人，包含在玉帝肚子裡的時候，你會覺得自己是一個法器，一直在消化別人的怨氣，**一直覺得你是為別人，殊不知你始終都是為自己**。其實簡單來說，在玉帝的肚子，你是一個自視甚高的人；從玉帝肚子跑出來時，你會覺得大家看不到我，還嫌棄我，憑甚麼嫌棄我；因此你的氣很大。你們應該感謝我，卻還嫌棄我，所以在很多時候你會要求公平；但事實是你已經對別人不公平，你的立足點、出發點與性格部分又回到剛剛所說的，**你的好面子、不服任何人，其實在於你看不到其他人對你的付出**。從你元神出處的故事及投胎轉世的第一世，你都可以看到存有這樣的性格，引導你回看從投胎到父母養大你的過程，這些故事、這些過程都在提醒你，不要只看到自己，不要永遠都覺得只有你一個人。

馨香：老師，意思是說我現在其實要學會去看到別人？

引導老師：就是說在紅塵裡，沒有一個人可以自己過生活的。

馨香：我知道。可是我覺得現在的肉身，經常把別人的事情放在自己的事情之前……。

引導老師：不過，你的骨子裡始終認為你是一個人的。這一世你會把別人的事情放在自己的事之前，若深究原因，其實是與你想要有頭有臉有關，你想要得到別人的肯定，但我想請問的是，在前面的引導過程談到你元神的本質，你知道自己的本質了。到了第一世的故事裡，因為你是一個好學生，老師所教導的，你通通會記住，會把它當成很重要的事情一一執行；但是，若你尚未清楚理解並坦然接受這樣的說法，當你在做的時候，你只會因好面子而做；這時你又會想，那好吧，我不好面子，我要接受任何人的說法或指教；而其實你的內心是不服任何人，於是你又告訴自己要接受約束。這樣做到後來你是會爆炸的，因為這些都是老師叫你做的。以我自己來說，從元神故事中體認到必須心甘情願地做功課的真諦，是我在看完整個故事又經由老師們的引導之後才得出的結論；所以現在的我比以前心平氣和多了，接受並心甘情願地做大愛和傳承。簡單來說，若你仍抱著「老師說的，我應該要聽，我應該要照做才是對的方式」的態度去做，其實是沒有用的。

馨香：我可能必須仔細聽清楚整個故事與老師的引導並再三反思，然後內化到心裡之後再說，是這樣的意思嗎？

引導老師：是。當我調自身故事的時候，凡是碰到我不想面對，不想看到的，我便看不到；就像你剛剛提到我沒有感應到甚麼，只有感應到甚麼；每一個人的本性都是如此，不只有你，我也是。我的故事裡有許多部分都是透過老師引導出來的，不是我感應不到，而是那正是我不願意面對，不想要看到，就這樣過去了的部分。我要說的是，你須從這個故事裡看清楚你的點、你的問題及前面所說到的每一個點各自代表的意義。

其實看元神出處與第一世的故事，一定能看到我們累世存在的性格，而它也會出現在我們這一世裡，也就是說當我們遇到事情或受到別人的批評與指教的時候，那個元神的性格就會顯現出來。為甚麼要讓我們看元神出處與累世的故事？就是為了提醒我們，我就是有這樣的性格；當這樣的性格顯現時，我要記得曾有這樣的過程，提醒自己不要重蹈覆轍。這是為了提醒自己，而不是為了批評你、批判你或者說你錯了、你錯了。不是！**只是要讓你知道自己有這樣的性格**。

以我為例，當我聽到一些批評而感到壓力時，我的氣又會出來了；這時就要提醒自己，或者要回想起，原來會有這樣的性格就是元神、是我累世的個性、是我投胎轉世第一世的故事。從我的元神出處、投胎轉世第一世的故事中，**看到了自己的問題，看到了累世的人生功課及必須調整的部分**。當累世的性格又冒出來時，我必須要找到方法讓自己盡快地轉換，以做到放下或改變；找到方法來改變，讓這個性格降到最低，這就是我們能夠改變自己的地方及學習改變自己的目的。你懂了嗎？

馨香：有，這樣比較懂了。

引導老師：回過頭來，我整理一下。你看，在轉世的第一世，題詩中提到「怒氣沖沖下凡間」，為甚麼怒氣沖沖還會下凡間？你在玉帝肚子裡本是玉帝的一個氣場，每個器官是不是都有能量，都有氣？玉帝在處理事情的時候，祂是一個主管，下面這麼多人做事情，東問問、西問問；祂很煩的時候，是不是心裡會有氣，祂是不是會不平衡？但是祂端坐在那個大位，不能夠隨便罵人，玉帝必須保持祂的身分與莊嚴；所以玉帝要隱藏，得積壓，也就是所謂的鬱氣積壓在身體裡；而你是祂的氣場的一部分，剛好就是受感染的那一塊。你接收到玉帝承擔的那些不開心、不愉快，卡到了，所以你看到他們會不爽；因為你在玉帝身體裡是如此高尚運轉著，是這麼快樂、這麼開心的事情，怎麼會碰到這麼鬱悶的氣？所以你的氣很容易就發作，也就是說當你的情緒來了，當你看到不好的東西、不如你意的東西、你看不慣的事物、你瞧不起的東西、不公平的事情時，你便會立即產生負面思維與想法。**你有沒有自覺，你的負面想法是用來批判的，你所散發出的這**

些感受與反應就叫做臭。為甚麼？為甚麼人家說臭臉、臭脾氣，那不是真的那個臭，你懂嗎？那個臭臉、臭脾氣就是負面的，因為你是在玉帝的肚子內，即使你下來並沒有令牌，但你仍自視甚高；況且你在第一世讀書考試都不成，為甚麼會不成呢？因為，我們有肉身，一切都有定數，都是來考驗你的，沒有一個例外，因果絲毫不差。不要問為甚麼，為甚麼讓你不成？就是要磨你的傲性，懂嗎？要不然你不會接受這個世界與你不同，有不一樣的人、不一樣的事，所以你看第一世，父母離世後沒人理你，自暴自棄成乞兒；但反觀這一世，你就不是這樣了，為什麼？你這一世讀書考試都有成，可是做人卻不成，是不是這樣？

馨香：是。

引導老師：你有沒有發現，你說你不讓我成，我當然無法好好做人，我當然自暴自棄。好，這一世肉身的考試給你成，是不是，沒錯吧？你一路升學很順利呀，那是你選的，中間有違背你所願嗎？

馨香：是，但中間有重考過。

引導老師：對，但是有違背你所願嗎？

馨香：沒有。

引導老師：你第一世時父母早早離世，但這一世的父母並不是，也算高壽了？

馨香：是。

引導老師：對，那就是在磨你。我記得在你父母親的最後階段時，你曾經很糾結；我當時告訴你，當你改變自己越好的時候，他們就越好；當你越和他們衝突時，是不是不知道那一天，無常來到就走了。你記得嗎？

馨香：記得。

引導老師：我記得我曾跟你講過，你可能忘了，當你脾氣來的時候，你是臭脾氣的；就像你的女兒這次學測考試，你發現數學科試題超簡單的。我為甚麼知道超簡單，因為我姪女休學重考，她非進台大獸醫系不可；考完後，她笑嘻嘻地說，怎麼每一題數學我都會算，我說這次有這麼簡單嗎？她說對。接著，就聽到你開始抱怨，數學這麼簡單，我女兒數學這麼強，那就比不出高低了。是不是，你又來了，有沒有？

馨香：是。

引導老師：考試之前誰知道哪一科簡單、哪一科難？這就叫做公平呀！

你硬要數學很難，是要逼死那些不會數學的人，那麼那些人會不會抱怨？馨香，你聽懂了嗎？所以你的抱怨是不是很無理的，只是為自己，對不對？我好的，別人不能超過我；我不好的，最好你們通通都不會；你們會的我也會，就是這樣。所以你是不願意低頭，對不對？讀書不是只讀數學，我當然很希望你女兒考上第一志願，但是你當媽的心態不能這樣，知道女兒很辛苦嗎？她以後也是一個人，你就生她一個孩子，不是嗎？

馨香：對。

引導老師：你要她學會成熟、獨立，所以你看第一世時「孤寂破廟獨一人，自怨自艾願難成」，為甚麼？你只是一直在抱怨，卻沒有做任何改變，可是這一世你還有機會改變，還有人可以陪你去玩。我告訴你，你不要說父母親已走，有的父母親在更是難搞。所以我要說，你有很大的福氣，不要糟蹋了；與一般人相比，你的父母雖然離開了，但這是人生必經的過程；雖然你離婚了，可是你有一個女兒；你還有完整的經濟獨立的能力；你可以有自己的時間，決定自己要做甚麼；你擁有這麼多，你要珍惜。你現在的生活不管累不累、忙不忙，那都是你自己的選擇，並沒有任何人逼你呀！

馨香：對。

引導老師：是呀，那你還抱怨甚麼？你要抱怨甚麼？

馨香：不用。

引導老師：是呀，你那一世自己題詩說「抬頭問天天不應，無親無家無朋友」，所以你這一世要做甚麼？知道嗎？**你要懂得低頭，**

你要懂得柔順，你要懂得人際關係，你要懂得有朋友。真正的朋友，不是只有少數，不是你來八方大家都對你好，你一離開八方大家各自忙各自的，哪來跟你這麼好的朋友，沒有辦法。

馨香：有，我進八方後真的有改，譬如說我和我的阿姨、舅舅、表弟、表妹有來往，以前都不理的。

引導老師：對，你**要從你的五倫關係來做**。你看「無親無家無朋友」，家跟親人都要做，對不對？以後女兒嫁人，你與女兒夫家的關係不好也是會擔心的，是不是？但是你女兒有自己的個性，不能要求對方對你女兒好，要不然你又生氣、臉又臭。這就是你要克服，要修養的地方，也就是說做人做事要有方法；否則你就是在為難女兒呀！所以過去「自生至死只一人」，但是一念之間轉變，你這一世可能這樣，也可能不這樣；其實就是提醒你，如果你不改，是不是又是你一人；如果改了，你就有一大家人。懂嗎？你就不會糊裡糊塗地重覆走這一遭。所以自己題的詩，自己要會去解讀；那就是你，得與你自己的生活相互驗證，懂嗎？然後，就是去面對；但是面對的時候得注意，馨香，你容易氣大。這樣解說，你聽懂了嗎？不要這麼緊張，每一個都急，我要回天，我要有回家的路。到目前為止，我沒有看到哪一個人一次就回天的。我們來紅塵，一定要把五倫關係做齊；哪有一個人這麼厲害，一世五倫關係都能做完；釋迦摩尼佛的成佛是在最後一世，祂前面有多少世，有多難過。八方是個方便法門，告訴我們不用遁入空門，不用在那受苦行僧的待遇，也不用在那苦修精進；**八方告訴我們，修行在紅塵；我們就把紅塵的五倫關係做好，個人修個人的，不必拖泥帶水，也不必背著這麼多包袱。**你應當珍惜！我們哪來的福氣，有這麼多的平台，這麼多的老師願意在課堂上互相幫忙，而且是無所求的；我們也沒有那麼大的福報可以任意地糟蹋這個福氣。家人也是一樣，親人也是，朋友也是，每個人際關係都是一樣，這也會影響你的教學；你是求好心切，教得好，他很棒；教不好，那就適得其反。這樣聽懂嗎？這是你的人生功課，我剛剛講，那個氣怎麼來的？它本來不臭的，是你卡到了，看到負面的，你就變成負面的；但你的本質不是負面的，你是被負面卡到你才會出來的；要是你沒有卡到負面的，你還在玉帝的肚子裡，你是不是很開心？那你為甚麼會卡到？你不像別人。我們要問的是在第一世，在元神出處時，元神到底發生了甚麼事？不要閃、不要躲，趕快講出來，一定有發生事情，要不然你不會下來；但你不是，你是自己卡到，然後自己蹦出來的。對不對？你出來，玉帝是輕鬆的，玉帝本身也須不斷地代謝，祂要消化。所以**你要學習消化，學習如何平衡**，如何平衡自己，懂嗎？新陳代謝、肝膽腸胃要平衡，你的身體為何會出狀況，也是因為沒有平衡。你要知道自身點點滴滴的毛病，照顧好自己，沒有人可以在你旁邊照顧你；你要照顧自己，才能影響週遭的人，要**學會開心**。還有問題嗎？

馨香：沒有。

紅塵說

這個屁是在消化承受因業的過程，自己出來的，不是玉帝排出來的。

它在承擔，很有佛心，是有價值的；它也是法器，具有某種程度的使命感。

但是，它是玉帝尚未消化完時就衝出來的，因此，當它擁有肉身時，也始終無法消化自己的情緒，常處於看不慣世事的狀態中；情緒成為她的功課，須要去探索、深究與覺察。

在馨香敘述之時，可以看到她對自己的嫌棄與不滿。「怎麼我的元神出處就是一個屁呢？還是一個臭屁。」

殊不知，元神出處述說的就只是這個靈魂在意識覺醒之初的狀態，而這狀態的本質會影響肉身在得大智慧的過程中碰到問題，因為那是刻劃在骨子裡的東西。簡言之，這些本質才是我們須要關注的焦點；一旦缺乏覺察與反省能力，碰到問題，就只會一再重蹈覆轍，令人沮喪。

在現實生活中，馨香是一位力爭上游的女子，自軍職退伍之後，從事數學家教老師的工作。當她因緣際會進入八方，開啟認識自己與顛覆自我的過程，經過學習與椎心刺骨的反覆打掉與重練，重新架構了與天地契合的價值觀，認認真真的走在天道之上。

心經說

「舍利子，是諸法空相，不生不滅，不垢不淨，不增不減」

這說的是靈魂的本質就是純粹無瑕的，不管祂的出處來源為何，祂的本質就是乾乾淨淨的，潔淨純淨的；無論其出處是香氛還是屎糞。所有的這些香、臭；愉悅、憤怒；歡欣、怨恨，都是感覺來的，都是「相」；莫忘，諸法空相，千萬別著相啊！

昭彬老師說

馨香，當你動念，想從玉帝的肚子裡出來看看之時，就是你這個靈魂覺醒的時刻；當你衝下凡間，也就是你踏上回天的開始。

輾轉輪迴千百年，你會發現第一世也好，這一世也罷，你被困住的，其實就是你的感覺，你的負面情緒。然而你的感覺、負面情緒源於何處呢？追根究柢便是源自於你不認識自己。誠如你的敘述，在骨子裡就是不平衡的狀態，容易氣大。你好面子、不服任何人，只因你看不到其他人對你的付出。

如果不改，是不是又是你一人；如果改了，你就有一大家人。你要懂得低頭，要懂得柔順，要懂得人際關係，要懂得有朋友。

因此，你的人生功課就是如何面對自己的矛盾，承認它是存在的；當情緒來時，不要衝口而出，要先消化後，釐清問題，看到自己的角色，循著天道，學會感恩、知足與開心，進而找到平衡點。

姊妹情緣～五百年的前世今生

有緣千里來相會—不由得不信

二〇一九年是「歡喜八方」來到溫哥華推廣會務的第三年。這三年來，當我們停留在加拿大期間都借居在阿如姐姐家中。當時只是一個機緣，如今想來，也許是冥冥之中的安排吧！

坐在臨Richmond William Road的家中，阿如姐姐神態平靜地敘述發生在她身上的故事，語調和緩，娓娓道來，內容卻是驚心動魄，扣人心弦，更是令人感到匪夷所思……。

話說從頭—夢中女子心願未了

二〇一六年三月，台灣—女子首次入夢

那年是二〇一六年，當時她在台灣的家中，猶記得那天是三月十五日，有位女子來到她的夢中；至今這場夢仍令她感到十分納悶。夢中的女子請她前往某處看望自己的先生，女子幽幽地訴說著先生很可憐……。由於她與夢中的女子僅在「溫哥華世華會」的活動現場有過一面之緣，算是點頭之交，並無其他交情，因此她並未將這個夢當成一回事，隔天，她就返回溫哥華了。

二〇一六年三月，溫哥華——夢中女子竟已往生

三月二十日是「溫哥華世華會」的會員大會，隔日，世華會的姐妹們相約聚餐。席間大家聊著彼此的近況，忽然有人說到某位「世華會」成員的某某人已經往生了；姐妹們傳閱著這位往生者的相片，她頓時嚇了一跳，脫口而出說著：「她一個禮拜前才向我託夢耶，怎麼會已經往生了？」剛好那時曼玲也在場，她倆是相識卅多年的老朋友，曼玲立即回了一句：「我跟她卅

多年的老朋友，她不來跟我託夢，竟然去跟你託夢？」大家說說笑笑之間也不以為意，也沒有多想，這件事就過去了。

二〇一六年十月，台灣——女子再次託夢

半年後，十月十五、十六、十七日三天，她又回到台灣參加「台灣世華會」的年會。活動結束隔天十月十八日，幾位溫哥華的姐妹們到她家小住。就在當晚，這位往生的女子又來到她的夢中，女子開口便說：「你沒有完成我交給你的任務。」她心生疑惑地說：「要完成什麼任務？」那時她已知這女子往生了。女子說：「我的老公最近會回台灣，請你幫我告訴他……」。她回說：「你應該自己去找他比較好。」女子搖搖頭不語。當時，她一直推辭，請女子去找自己的兒女或先生，直接向他們說明才好。由於她們之間並無關係，彼此又不熟，阿如姐姐希望這女子不要來找她，之後她也沒把這件事放心上。

清晨時分，奇怪的事情發生了！猶記得那天是被吹狗螺的叫聲吵醒的，與她同睡的姐妹們也都聽到了；醒來後她居然怎麼也爬不起身，一旁的姐妹聽到她的呻吟聲直問著：「你怎麼了？」她回道著自己無法起身，忽然想到半夜的夢，接著便將夢境一五一十地敘述一遍。然而，這位姐妹只是淡定地問道：「你很不舒服嗎？我扶你起來洗個澡，看看會不會比較舒服？」她們早已規劃當天搭乘高鐵南下前往佛光山，此時她卻完全起不了身，似乎被什麼壓住了而動彈不得，全身有著說不出來的難受，但是一夥人仍得按既定行程動身出發。在搭乘高鐵前，約莫八、九點鐘，她們先繞到黎明路的舊家。該處目前租給一位年輕人經營早餐店，年輕老闆一看到她，立即交付一疊信件：「大姐，這些是你的信。」

接過信來，她頓時大吃一驚，最上面的明信片不就和夢中女子手中的明信片一樣！在夢中，這位往生的女子手持明信片並清清楚楚交代著，先生最近會回台灣，請她轉知先生親赴明信片上的指定地點幫自己普渡，並且詳敘自己與先生的姓名。明信片的寄件人—位於台中的清涼寺，正是她常年為過世的先生做法事的地方。該寺每年會寄來一份法會時間表告知相關事項，那年的普渡法會定於十二月四、五、六日舉行，為期三天。

此時，阿如姐姐不假思索地對年輕老闆說：「這張明信片我看過了。」年輕人馬上回道：「大姐，這張明信片是郵差剛送到的，你在哪裡看到呢？郵差才剛走啊！」大為吃驚的她一句話也不敢說，心裡直感納悶，夢中女子為什麼會現出這張郵差剛剛送達的明信片呢？她百思不得其解……。

思前想後，她這才明白，原來女子希望她幫忙引薦至法會以超渡其亡魂。女子在夢中訴說著遭遇，身子的皮和骨都分開了，魂魄過不了太平洋，無法回到溫哥華，只能在這裡飄蕩，無所依歸（經了解，女子當時在香港發生意外而過世，家人將其火化後骨灰攜回溫哥華安葬）；終於等到她回台灣才能找到她。然而當時她自覺與這女子不熟，只是一再回說：「你應該去跟你先生或兒女說，他們才是與你最親的人。」女子卻始終搖著頭，什麼也不說。

無形干擾，不由得不信

孰料，從佛光山回來後她就病倒了。兒子帶著她遍訪醫生，醫生卻說身體無恙，無法開藥，甚至去有名的宮廟收驚，也不見好轉，整個人病懨懨的，非常不舒服，無法做任何事；最後實在沒辦法了，她左思右想，莫非與這個夢有關？於是她拿起電話打給溫哥華的朋友，也就是十月十八日那天睡在她身旁的姐妹，請她代為查找夢中女子所說的先生（當時女子已告知姓名）。

幾經詢查，姐妹回報的確有這位薛先生，正是這位女子的先生。之後她輾轉得到薛先生的Line並與其聯繫，薛先生不解地問著，這到底是怎麼一回事？她便詳細述說整個過程，包括女子想要去清涼寺參加超渡之事；薛先生聽畢即請她先去清涼寺代為報名，並表示之後會在十一月下旬回到台灣。至此，夢中女子說的話都對上了，但她的心中仍有疑問；於是她請教薛先生：「請問你回來台灣的行程是原先就計畫好的嗎？為的是什麼呢？」他說：「是的，我與醫生約好看牙齒。」她又問：「請問你的妻子生前知道這件事嗎？」他說：「不知道，這是後來才約的事。」她再問：「你知道妻子的亡魂尚未回到溫哥華嗎？」他說：「事情發生後，心情非常混亂，只要有人說應該要做什麼，我就照做，喪事一結束，我就把骨灰帶回來安葬了。對於亡魂是否有回到溫哥華，我真不懂也不明白這種事。」她接著問道：「你是否願意去清涼寺參加超渡法會，將亡妻的魂魄帶回溫哥華，不要讓她在靈界飄盪無依？」他回說：「當然好啊！」於是，她立刻打電話報名，但師父表示需要亡者的姓名、出生日期及往生細節，才不至於調錯資料。由於這些資料她一概不知，於是和師父約定，亡者的相關細節待薛先生返台後赴寺辦理。最神奇的是，當薛先生回說「好」，願意參加超渡法會，阿如姐姐代為完成報名時，便感到身上的病好了一大半，立刻覺得輕鬆許多。她心想，怪了，我與你們僅一面之緣又或未曾謀面，一個是托夢，一個是透過Line，卻搞得自己七葷八素，頭都暈了，人又不舒服了好些天，這到底是怎麼一回事，究竟是真的、還是假的？

二〇一六年十二月，台灣—超渡法會，女子三度入夢表達感激之情並贈禮

到了十一月下旬，薛先生回台了。他倆相約於高鐵台中站，憑事先約好的衣服顏色與樣式相認，便一起前往清涼寺。在薛先生將前妻往生的各項資訊細節告知寺方人員時，她才明瞭整件事情大致的來龍去脈。

十二月四日是超（普）渡法會的第一天，重點在引魂。清涼寺每年都會舉辦盛大的消災解厄祈福普渡大法會，以超渡存放於該寺靈骨塔內的所有眾

靈與各界冤親債主及無主孤魂，同時邀請家屬共襄盛舉。這每年一度的大法會係由清涼寺聘自尼泊爾的法師主持，而這些尼泊爾的法師都是自娘胎起便茹素聽經養成的。

參加法會的信眾們，這三天都住在寺中，男眾與女眾分宿、分席。到了第二天晚上，這女子又來到她的夢中；女子牽著她的手，軟言溫語地表達感激之意，並說著要送她一套首飾以作為三個人共同的紀念，請她回溫哥華後前去拿取。夢中女子表示這是最疼愛她的姨媽所贈的六十歲生日禮物，並詳述首飾的材質、數量與樣式及存放於溫哥華家中更衣室。

夢醒後她思忖著該不該說出這件事，要不要查證呢？心裡又琢磨著，夢境未必是真的，彼此非親非故，她與女子的家人又不熟，倘若冒然說出口，誰會相信？旁人會怎麼想呢？

第三天，法會進行至放焰口，整個廳堂的供桌上擺滿食物與素果，以供諸多亡魂及無主孤魂享用。儀式開始，五位法師就位，場面肅穆，梵音響起，其中一位法相極其莊嚴的法師逐一唸誦參與超渡者姓名；當唸到「王〇媚」時，奇妙的事發生了，許多素果、供品紛紛掉落供桌下，劈哩啪啦，非常大聲。此時，位居中間的法師忽然面容嚴肅且臉色鐵青，大家見狀無不心想發生什麼事了嗎？其他四位法師依舊不為所動，繼續誦經，未曾停歇。接著，法師唸出阿如姐姐及薛先生的名字，請他倆從座位上出來走到桌前。法師在白紙上快速落筆並要他倆在王〇媚忌日週年後七日內於其家宅完成「文定儀式」，且須邀請七對高人見證及祝福；原來那時女子的亡魂正附身在法師身上。阿如姐姐請問法師：「你寫的這些字是什麼意思？我不懂。」法師回道：「你們三人是菩薩座前的緣分，這緣分是五百年前註定的，你與亡者曾是孿生姊妹。她現在找你，有事情請你幫她完成。」法師說完，臉色立即恢復正常，而將那張紙丟給一頭霧水的他們後繼續誦經並執行未完的法會。

這整個過程均經朋友拍照見證。法會結束後，師父將超渡完成的靈魂裝進紅色袋子，請他們帶回溫哥華後放進女子的墓地。

後來她才知道女子是在聖誕節往生的，七天內也就是新年的一月一日。時間非常緊迫，箭在弦上，似乎不得不發，但她仍有很多未解的疑問。

二〇一六年十二月，溫哥華──「文定儀式」與待解的首飾之謎

十二月十四日回到溫哥華的第二天，她即陪同薛先生及其二姐前往女子的墓地。那天大雪紛飛，遍地積雪深及小腿肚；一走入墓園，眼前盡是白茫茫的一片，完全無法判定方向，於是薛先生與二姐一人往左，一人往右，試圖找出熟悉的標的，而首次造訪的她只好在一旁等待。當他倆找得一頭大汗仍毫無所獲時，說也奇怪，就在她站定位置的腳下，雪竟然慢慢融化了，逐漸露出「〇媚」兩個字；她趕緊呼喊兩人過來並低聲說著：「欸！會有同名字的人嗎？」薛先生和二姐連忙踏著深雪跑過來，俯身撥開旁邊的字，薛先

生的名字立刻露了出來，原來她站定的位置就是女子的墓碑地。這時，早已知道法會一事的薛二姐驚訝地說：「你站的位置竟然就是弟妹的墓地，我們還找半天，這真是冥冥之中註定好的呀！應該是弟妹還有願望希望你能幫她完成。」儀式完成後的回程路上，三個人的心中莫不縈繞著一股說不清、道不明的情緒。

接下來的「文定儀式」是否要依據法師所說的照章辦理，她感到忐忑不安⋯⋯。思來想去，除了法師寫的那張紙，有什麼可以證明這些事是真的呢？有誰可以告訴她這是怎麼一回事？阿如姐姐的先生過世後，她早已決定不再有婚姻了，為何這件事會發生在她身上？向來做事明快、行事果決的她想破了頭也找不出答案。她翻來覆去地想了又想，忽然想起法會第二天時夢中女子說的那套首飾，她思忖著倘若真有這套首飾，那便是最佳佐證！

於是，她撥了通電話給薛先生並問道：「你妻子的東西都還在嗎？」他說：「沒有，全都丟了，除了一點首飾給了女兒作為紀念；我不想睹物思人，全都丟了。」接著，她將夢中女子提及首飾之事全盤托出。薛先生回道：「我家的房間都是套房，也都有更衣室，要怎麼找呢？我不記得這東西在哪？但香港姨媽確實有贈送妻子六十歲生日禮物，不過東西在哪？我不知道，那時我在台北工作，還是你來找找看？」她心想非親非故的，怎麼可能去他家翻箱倒櫃找東西呢？這事便陷入膠著，眼看聖誕節就快到了，她感到十分焦慮。

由於時間緊迫，女子家人正緊鑼密鼓地安排後續程序。十二月二十日那天，薛先生宴請法師所說的七對高人夫妻，同時也邀請了她。所謂高人就是與薛先生相交多年，有身分、地位及學識的好朋友。席間，薛先生詳述整件事情的來龍去脈並表示這件事是真、是假，無人說得清，對於接下來的行程該如何安排，請賓客們給予建議。雖然大家對於這如戲劇般的過程均感到難以置信，驚詫不已，但因為相識多年的好友之情，也就無所忌諱、七嘴八舌地討論起來。這時，她提出疑問：「等一下！對不起，這件事還有個疑問，就是夢中提到的首飾是否屬實？若無法確認，那我就只能幫到這邊，不會有接下來的文定之事。」好朋友們聽完，一致決定餐後共同前往薛先生家中確認此事。不過，她一說完話後，肚子就疼了，連忙跑廁所，弄得她人仰馬翻，苦不堪言。在座的人居然都沒事，只有她一個人出問題？她心想，又來了嗎？我是不是說錯話，或者做錯什麼事了嗎？

那天，其中四對夫妻陪同前往薛先生的家中。她雖是初來乍到，一進門卻感到十分熟悉，原來這就是夢中女子帶她去過的地方，一模一樣；接著大夥兒上了樓，她說：「先去主臥室，應該會在那兒。」直奔主臥室一瞧，櫥櫃大多淨空了，翻找半天也無所獲。這時她抬頭看到某櫥櫃上方堆放著一疊購物袋，定眼一瞧，縫隙中隱隱約約地露出黑色盒邊，她心想或許是個黑盒子；恰巧一旁有個小板凳，薛先生踩了上去，一伸手果然拿出了個黑色盒子，就和她在夢中所見的一個樣。薛先生緩緩地將包裹著黑色絨布的盒子移置圓桌上，大夥兒無不屏氣凝神地望著黑盒子；就在即將掀開之際，她請大家稍等一下，為了驗證同時也讓大家共同見證夢的真實性，她一一道出夢中女子提及的首飾顏色、材質、數量及樣式。

盒蓋一掀開，其內的寶石竟與夢中女子所說的毫無二致，絲毫不差，頓時她恍如見到親人般地放聲大哭，真切地感受到女子是自己的孿生姐姐，骨肉之情的緊密連結令她深感悲慟而不能自已；此時，她才心悅誠服地相信，這真是與她骨肉相連的姐姐對她的請求與託付。

至此定案，文定儀式確定在二〇一七年一月一日舉行。

卡羅老師解開前世今生之謎

前世未完的承諾，今生得再續

阿如：為什麼女子要找我，而不找自己的家人或孩子呢？

卡羅：要把她的靈魂從太平洋帶回去是不容易的，在無形界是有許多阻擋的，她在這邊飄蕩了許久，只有你回來台灣，她才找得到你；而這是需要有功德的人才能處理，並不是任何人想要帶回就可以做到；加上她是枉死的冤魂，是有怨念的，因為原本她還有二十年的陽壽，如何能接受一場意外就此香消玉殞。因為你常年布施行善是有累積功德的人，你又與她是五百年前的學生姊妹，也曾有過承諾；她找到你，需要你幫忙完成這個心願，並幫她處理未完成的事。

阿如：可以請老師說明前世到底是怎樣的情形嗎？

卡羅：五百年前，你們是一對性格迥異的孿生姊妹，姐姐喜靜，溫柔貞婉，很會讀書，琴棋書畫皆擅長，嫁給了一位文官。你是妹妹，個性外向，不愛唸書，但是非常能幹，喜歡做生意，嫁的是商賈之家。姐姐身體不好，婚後不久就過世了；過世前拜託你幫她打理家裡的大小事。妹妹接受了姐姐的請託，把姐姐的家裡事處理得有條不紊。但後來妹妹不想做了，覺得也有自己的家庭事務要處理，為什麼要來管你家的閒事？於是妹妹半途而廢，並未將姐姐的請託完成就離開了這個家。所以，你這一世必須來完成。

阿如：那一世我的先生呢？

卡羅：你的先生在出海做生意的時候，遇到海盜，早就葬身海域，不會回來了。

阿如：為什麼……？

卡羅：不要問我為什麼，那是你們五百年前的因緣。有些事到了某個階段，你在過程中沒有得到圓滿，最終還是要走這一遭去完成的。

一路走來，徬徨又煎熬的心路歷程

阿如姐姐語帶哽咽地述說著內心煎熬與複雜情緒的過程：

這整個過程讓我的肉體感到十分辛苦，從十月十八日開始，沒有一天是好過的，直到法會辦完，把亡魂帶回安置後，我的身體才稍微恢復正常；但這些事情一樁樁一件件接續而來，我根本不知該如何面對？寧可信其有嗎？又牽涉到我得選擇我的未來；不信嗎？又如此的真實，教人不得不信。

我真是身心俱疲又飽受煎熬！別人會如何看待這件事呢？相識熟悉的人，我可以稍微講述原由，或許她們能夠理解；不知情的人會不會以為我要貪圖什麼呢？我不是個忸怩作態的人，一向行得端、坐得正，並不怕別人的閒言閒語；但這件事實在是遠遠超過我的認知，難道就因為這樣的遭遇，我得決定嫁給一個僅僅認識不久的人嗎？

這期間只有一個好朋友跑來問我：「阿如，你不是決定不再結婚了嗎？之前有這麼多條件好的對象，你都沒接受了，為何會在這短短的卅七天內做出這樣的決定呢？我一定要看看對方是怎樣一個三頭六臂的人。」當下的我真是有口難言。

其實，哪有這麼多的為什麼呢？當時就是薛二姐還有一些朋友，有形的、無形的及菩薩都來促成這件事，就在這短短的卅七天內，我們完成了文定之禮。

前世緣已圓滿，今生緣相以續

她與薛先生在文定後的同年五月七日正式結婚了。在此之前，她的一雙兒女與薛先生見面後均十分贊成並認為彼此作個伴也是美事一樁；夢中女子這世的兄長聽說了這件事，也在婚前送了一塊黃金打造的金牌以表達深深的祝福；身邊的人在知道整件事情的來龍去脈後也都送上祝福；至於旁人的說三道四與穿鑿附會的流言蜚語，雙方當事人並不在意。阿如姐姐認為：「我坐得正、行得正；也知道自己在做什麼，俯仰無愧於心即可。」薛先生在婚宴現場當眾對她的兒女們承諾：「你們放心把母親交給我，我會照顧她的後半輩子。」就這樣，在眾人的歡笑及祝福聲中，他們結成了連理，決定相攜相守，一起把這五百年的因緣在今生劃上圓滿的句點。

元神出處

薛先生的元神是天上的逍遙仙子，來到紅塵的目的就是輪迴轉世，學習道理及人世間的歷練等等。在前世的某世，他是位十分虔誠的香客，時常在佛前誠心誠意地供佛；而這對孿生姐妹則是觀音菩薩座前燃燒的香燭之中兩股合一的燭芯，因此她們與薛先生在菩薩座前結下因緣。

這兩股燭芯屢屢看到斯文有禮的薛先生在佛前誠心誠意的禮佛，愛慕之心在心中油然而生，於是便向菩薩請求：「我倆在座前聽了紅塵這麼多的喜怒哀樂，我們覺得自己也有能力去紅塵修行，轉換肉身，讓靈魂得以提升。」菩薩笑嘻嘻地回道：「我可以答應，但別忘了**你們兩股蕊芯必須是不分不離的，而且必須共存，互相協助才能得到情財圓滿**。」這兩股燭芯答應了菩薩，將會在紅塵中共存，互相協助以得情財圓滿，共同完成三個人的紅塵功課。就這樣她倆展開了與這位香客五百年在人世間的緣分。

蠟燭若無燭芯便無法點燃，無法照明，更無法給人溫暖；而當蠟燭熄滅之時，燭芯也會燃燒殆盡，這特質讓阿如姐姐成為樂於付出，為成全他人而燃燒自己，有苦往肚裡吞又不會抱怨的人。然而，長此以往，她總難以開心，想躲起來，不想與他人互動；這樣的不開心又會讓她功虧一簣。現在她要學會真正做到「做人沒感覺」，做好自己該做的事，克盡本分，以完成這世的人生功課。

心經說

「觀自在菩薩，行深般若波羅蜜多時，照見五蘊皆空，度一切苦厄。」

靈魂來到紅塵的唯一目的即是提升；但要提升得有肉身，有肉身才能學習，才能做，才能經歷。當靈魂擁有了肉身，肉身的功課就是五倫關係圓滿，並從五倫關係的互動相處中學得智慧。

可是，紅塵不好過，沒錢，苦啊！沒人愛，苦啊！子女不聽話，苦啊！生病更苦，得不到滿足也苦……來紅塵受苦比享樂多得去了；如何才能從這種種的苦中學得智慧呢？當這兩股燭芯在菩薩座前許下不分不離的承諾時，便已註定彼此的紅塵是互為連結的，且必須互相協助才能做完人生的功課，因此，阿如姐姐不但要完成自己的家庭圓滿，還得接續完成姐姐的家庭圓滿，才算是做完功課；這真可謂為難中之難啊！

然則，心經告訴我們，放下感覺，依循道理，秉持做天道的態度堅持下去，即能照見五蘊皆空，度一切苦厄，順利過關。

昭彬老師說

人生的劇本，雖然你我都不同，但劇中人皆會遍嚐人生的酸甜苦辣；而劇中人面對人生的態度及選擇也深深左右人生的走向，對於靈魂的未來更有著舉足輕重的影響。

挫折來臨之時，無心想方設法以突破重圍之人，只得心不甘又情不願地任由命運擺弄，終至怨天尤人、痛苦抑鬱、惶惶不安；反之，虛心接受老天爺的考驗與安排，想方設法找到出路以求圓滿之人，心甘情願又順天應人，卻能將危機變成轉機，開心如意。師父說：「紅塵都是在做功課，學習低頭。」師父還說：「紅塵得情財圓滿而放下，學習看到自己。」低頭的體現是臣服於天道、天地間的遊戲規則，虛心接受老天爺的考驗與安排，心悅誠服地想方設法，開心走過程，以求得五倫關係圓滿。

阿如姐姐無論信或不信這神奇的夢境與前世的緣分，此生仍必須學習求得情財圓滿，學習五倫關係圓滿，學習做到真正的開心。阿如姐姐如此，我們每一個人也是如此。

我是誰　誰是我～我在「歡喜八方」歸零

五十歲離開工作職場，兜兜轉轉在五十四歲進入「歡喜八方」，至今已是九個年頭了。

第一次見到「歡喜八方」的開門老師卡羅時，老師直言：「我們八方正缺少一個法規組組長，師父說就是你了。」我心想，為什麼？為什麼是我？才脫離督察身份的我只想平平安安的過退休生活呀！但在數個念頭閃過之後，我有一點點明白前五十年的人生經歷是為什麼了。

在我廿八年軍職的生涯歷練裡，有近兩年的人事官，五年的保防官，九年的編裝官，最後的四年是督察室的職務，其中還同時穿插了十年的射擊選手；當然還包括家庭裡的女兒、姐妹、妻子、媳婦、媽媽的角色。工作上這幾個職務，教我學會了訂法條，督導別人，檢查別人；教我如何從大局著眼、細部著手的組織規劃；教我如何分辨、判別真相；當了主管，讀了研究所，教會我如何管理；射擊則教我如何審視自己的內心，在一發一發的子彈中，觸碰到天人合一的境界，找到自己所賴以憑藉的安身立命之道；家庭裡的角色，教了我的是要學會表達。因為我都以一廂情願、自以為是為別人好的方式在行事，忽略了對方的感受；這樣的結果造成了家人之間的隔閡與衝突。

然而，當我退伍之後，面臨人生的後半場，這些經歷又能帶給我什麼呢？

原來，所有的安排自有其道理，淬煉一個靈魂提升的過程，豈是我們事先所能知曉、理解的。

「歡喜八方」自二〇一二年正式成立，陸陸續續推出許多活動，多針對志工與會員為主，從二〇一七年開始，在天母的卡羅會館辦理常態性「解因果」的活動，對外開放，陌生訪客也可以參加。什麼是解因果呢？解因果有三個角色，一是因果，二是前世，三是佛祖判官。這三個角色都是由通靈老師代口。因為在我們累世的過程中，有許多角色的對應，由這三位代口把當時那一世的故事情節演出來。我們可以從其中的對話，看到自己的性格（前世），看到被因果影響的部分（因果），最後由佛祖判官做出仲裁。因果大多來討的不外乎情、財、公道、說法等等，不一而足。而因果對當事人來說，一是趕巧，這段期間正好你的身邊正在重演相同的劇碼，讓你看到問題點為何；二是惡緣善了、善緣善了，來了結因果的；三是認識自己，讓你看到自己性格裡難以覺察的冰山之底。目前，更開啟了線上解因果的項目，讓世界每個角落的人，都可以參與，都可以受惠。

在一次次因果來討的過程中，在一次次的詢問「你來討甚麼？」的回答中，我們看到常常只是一個懸念而已，讓因果跟隨數十世不願投胎；有些甚

且不是討命，只為了討一個說法、討一個公道。面對這些固執又糾結的靈魂，身為佛祖判官的代口，我常常只能撫額嘆息，孰輕孰重啊？為什麼這麼多的靈魂無法明白一念之間可升天、一念之間卻是墮入地獄中輪迴？匆匆紅塵，可依戀的、想期盼的、能擁有的究竟有多少？無止盡的念頭，風也似的吹過，如星火燎原般的瘋狂滋長，何其的多！而若不是進入八方，我又能覺察多少呢？

也是在無數次的解因果中，我看到自己的累世曾經發生的事件，慢慢的堆疊出一個靈魂成長的過程；也看到一個靈魂的成長與提升，需要多少世的學習與呵護及再一次機會。以我自己為例，在我的解因果紀錄裡，總共有五十餘次的記載，其中比較特殊的有幾世的故事與大家分享，摘錄如下：

一、前十四世　前世是大戶人家的主母，因果是怨氣很重的大丫鬟，這個大丫鬟有卅三世都是丫鬟的角色，因此她丫鬟的習性很重，她是來討說法的。原因是她覺得當家主母對她不好，明明是大丫鬟的身份，但並沒有得到主母的信任與重用，她非常的怨恨也很糾結，因此來問為什麼，想要討個說法。這個因果會影響我對什麼事都很挑剔，要求很高，還會覺得自己很委屈。

依然是前十四世　前世是大戶人家的主母，因果是書生，來討情、討說法。原來這位主母在還是姑娘的時候，與這位書生相知相惜，彼此有承諾相守終生，但女方因父母之命不可違，嫁給了當地的大戶人家，但亦承諾書生會和離後與他相守，然而，姑娘卻未守諾，一直到其娘家父母過世、夫君過世、公婆過世，她都沒有來到書生身邊；書生就守在她的附近，甚至進府當她兩個兒子的西席先生，苦苦等待，孤老終生，至七十四歲含恨離世。這個因果影響我的是個性裡有很執拗的點，說不出來是什麼，也看不出來，要在現實中碰到了才知道。

這兩個故事是同一世，卻是對應不同的角色因果來討。我們會發現，到底如何會結下因果的呢？就因果而言，都是只在一念間，非要抓著那個懸念，那樣的執著，不願放下，生生世世不願投胎輪迴，不願給自己再一次機會，好好的從頭來過；久了就變成孤魂野鬼，在靈界無止盡的飄盪。就前世而言，前世就是我們現在肉身的累（前）世，前世有前世的固執，且往者已矣，講不了道理，個性脾氣也不太會改；但肉身不同，肉身就是這世的我們，可以自己決定要改。所以，八方常說「肉身最大」，當肉身決定要改變，面對事物的態度改變，行事作為也不相同了，因果不認識你，它也就離開了。

二、前七十九世　前世是軍中的文書官，因果是出公差的小兵，來討前程。因果說，我來當兵，目的是為自己掙一個前程的，卻因為你讓我趁出公差之便，幫忙送胭脂水粉給你的外室，在回來途中馬車翻覆致死；我不要這種死法，我要的是馬革裹屍，為保家衛國而死；是你害我。最後他要求我要代替他，把他的生命活出光采來。事實上，這個因果是元神的心，要來與前世合體的；前世已經在累世裡歷練和考驗過關，這一世只是來過水，準備回天。然而因為私欲導致合體失敗，從此在紅塵輾轉輪迴，每況愈下，最後投海自盡，被佛祖救起給予重生，一切從頭來過。

這一場因果解完，我非常的震驚，在無知的曾經，竟然功虧一簣，以致至今依然在紅塵中輾轉輪迴，我到底錯過了什麼？

三、前十五及七十四世　前世是孤兒院院長，因果是一名已成年的年輕男子，曾是孤兒院的院童。他扭扭捏捏的、拐彎抹角的要求幫助，因為他不知道自己可以幹什麼，也不知道要去哪裡。原來，前世在戰亂時期，收容許多無父無母或被丟棄的孤兒，身為院長，卻因愛心泛濫，把許多事都攬在自己身上做，沒有教院童獨立生活之道，致自己過勞死；而院童長大離開孤兒院後不知何去何從，無法獨立。對我的影響是容易犯擋人學習的天規。

前四十二及七十一世　前世是啟智學校的校長，因果是腦子有問題、弱智，最後病死的孩子，不知道要去哪裡。因為對於弱智的孩子，前世應該要教他能夠簡單的自理生活，而我只是可憐、愛護、照顧著他們，致他們在我死後也無法存活。而且他是來考驗我，讓我提升，我却沒有做到。對我的影響是遇到事情想不到處理方法，也犯了擋人學習的天規。

這四世，我最重要、必須學到的就是不要擋人學習；不能因為自己自以為是的愛心、自以為是的為他們好，讓他們沒有學到生存的能力，且失去謀生的能力。在天規裡，擋人學習的分數扣的非常重，比謀財害命還重。

四、前一〇三二年的無主孤魂（鬼）來要一個公道和說法。那時的前世身份是地府閻王的判官，判定這個當時的肉身輪迴再投胎時必須是天生殘疾的斷腳，它不服這樣的判決，不願去投胎輪迴，而成了靈界逃竄遊盪的無主孤魂。這個判官看到的是它在有肉身的那一世沒能力賺錢養家，沒有積極工作，也沒有什麼程度和文化，只能賺到生活所需的一半，雖有將所有賺的錢都給了妻兒與老父老母，但因為不夠，導致妻兒仍需去乞討才得以溫飽。它說，就因為我讓妻兒去乞討，所以要判我來世無腳去乞討，是這樣嗎？

這是一場解無形界的因果，身為地府閻王的判官，它的紅塵經驗不足，做官不曉紅塵世事又不去查探真相。事實是在那個世代，朝廷無作為，盜賊四起，兵荒馬亂，作物又被蝗蟲吃光，旱災完之後又來水災，田地無法耕作，生靈塗炭，天災人禍使得幾乎沒有工作機會，而判官未能深查不知實情致錯判，當即被佛祖抽調職務，立刻去投胎歷練人間事。對我的影響就是常會想當然爾、自以為是的下錯判斷。

翻閱「解因果」的記錄，我知曉了自己骨子裡的固執與莫名的堅持，其實是其來有自的；這八年多始終不間斷的在八方學習觀念與道理，並且在日常生活中行為與做法的改變，慢慢的這些套在身上的綑綁與枷鎖才算是解開來了、消散了。

身為八方的法規需要知曉天地間的遊戲規則，做出合乎天地人三界的規則判定，最重要的是要懂得陰陽的道理。在這些年的時間裡，我放下所有對規則的認定、應該與不應該，從零開始，在無數場次、逾千人次的「解因果」活動裡，看到靈魂的束縛與限制，看到肉身的可能性；在超過數百人次的「前世今生」座談中學習到什麼是天地間的遊戲規則，什麼是陰陽，什麼是紅塵的功課；在八方的各種活動中，慢慢建構出一個靈魂成長必須經歷的焠煉過程，並感受到自己更上一層樓的開心喜悅。

這樣的過程讓我明白了什麼是「眾生平等」。

我看到的是每個人都一直在被考驗，但每個人的機會均等。每個做選擇的過程就是在被考驗；你的選擇決定你是否走在天道上、是否過關，成佛與成魔都是由你的起心動念決定；而，每個人都是獨立的個體，每個人都有相同對等的機會。我可以選擇自由自在，不在乎別人怎麼想，但得承擔應有的後果；也可以選擇對自己負責，做好每一個當下的角色；也就是說，舉例，我可以選擇抽菸來代表我的自主權，也可以用拒絕抽菸來張顯我為自己負責任的態度。我被考的功課與你不盡相同，累世的習性也會讓我們在面對同樣問題時，做出不同的決定。天盤已經轉變為「各人修各人」的了，每一個人的人生是由自己決定的，無關乎外在環境的干擾與影響，這就是「眾生平等」。

最後在志工老師培訓班『調自己的元神靈體出處及來紅塵轉世投胎的第一世』這堂課，我受到了最大的震撼，原來一切都有跡可尋，原來一切都是最好的安排。尤其在聽完大陸歌手韓紅的「天亮了」這首歌。歌中敘述的是，當父母在面臨生命的最後一刻，做出「要孩子活下去」的選擇，讓這個只有兩個月的襁褓中的嬰兒，從此得踽踽獨行，面對人世間的惶恐與害怕。我止不住的落淚，師父讓我下紅塵學習新法時，我多麼害怕呀！就是那樣的恐懼啊！於是，我明白了，心甘情願的臣服了。放下一切的為什麼，放下所有的不甘心，決心再一次從零開始，努力學習新法來完成與如來佛祖的承諾。

就靈魂的完整性而言，每個靈魂終將面對四種情形。

一、原始靈體的抗性。說的是元神出處的本質。

二、配合天規。知道遊戲規則；如有用、學習、提升或淘汰。

三、重生的感恩。說的是自己累世性格的習性；比如解因果看到自己的問題。

四、臣服自己靈魂的過程。說的是作法；說的是認識自己之後，該有的作法。即回歸到角色定位，做道理。

這其中的任一項，都不是一時之間能夠開悟了得的；都需要不斷的累積、沉澱、消化和內化，然而，卻是每個靈魂必須面對的。這本書說的就是其中的第一項。當這四種情形一一蘊化過後，就是一個靈魂脫胎換骨的過程。何其難啊！

在這些年的經驗中，得到最大收穫的人是我。我學到了這麼多世的紅塵經驗，學會人性的各種可能，也知曉陰陽之間的平衡方式，以及天地間的遊戲規則，更清楚明白師父道理對我的重要性。每個人都有自己的學習過程，我不用羨慕你，你也無須忌妒我；我的苦你不知道，你的痛我也無法明瞭。可以慶幸的是我們在八方這個平台相識攜手為伴，以一顆「尊重」的心，包容和等待，我求救時你拉我，你落隊時我等你，彼此鼓勵，互相切磋，善用這一世的肉身，以他人的因果為鏡，警惕自己，莫蹈累世習性的覆轍，清清明明的走在天道之上，離回家的路更近一些。

通靈師說十里桃花

我是誰　誰是我～我在「歡喜八方」歸零

國家圖書館出版品預行編目(CIP)資料

通靈師說十里桃花/李昭彬作. -- 初版. --
臺北市：社團法人臺灣歡喜八方健康心靈協會, 民111.12
面； 公分. -- (元神故事系列 ; 1)
ISBN 978-986-91274-7-9（平裝）
1.CST: 通靈術 2.CST: 靈魂
296.1 111018873

通靈師說十里桃花

發 行 人：社團法人臺灣歡喜八方健康心靈協會
企劃顧問：卡羅老師有限公司
總 企 劃：卡羅老師
作　　者：李昭彬
編　　者：黃依玲
校　　對：陳湘萍、黃依玲
逐 字 稿：劉小鳳
設　　計：洪淯霈
出　　版：社團法人臺灣歡喜八方健康心靈協會
地　　址：11151台北市士林區中山北路七段124巷1號1樓
網　　址：www.8fung.com
電　　話：02-28724506
商務整合：白象文化事業有限公司
經銷、購書專線：04-2265-2939
公司傳真：04-2265-1171
公司地址：台中市402南美村路二段392號
印　　刷：全凱數位資訊有限公司
總 經 銷：聯合發行股份有限公司
電話：02-2917-8022
版次：2022（民111）年12月初版一刷
建議售價：250元